U0861640

国家级职业教育规划教材
全国高等职业院校电子商务专业教材

客户服务与管理

陶婷◎主编

中国劳动社会保障出版社

简 介

本教材为全国高等职业院校电子商务专业教材，由人力资源社会保障部教材办公室组织编写。教材共分六个模块，主要包括走进客户服务、客户沟通技巧、客户服务实务、客户关系维护、客户服务管理和客户开发等内容。

本教材以“模块—单元”形式编写，设计了学习目标、导语、相关知识、工作实践、学习评价等栏目，形式生动丰富，语言简练通俗，易于学生理解并将理论转化为实践，从而适应职业岗位的需要。

本教材由陶婷任主编，徐丹、曹菁、张爱兰、陆强参与编写，杜小祥审稿。

图书在版编目（CIP）数据

客户服务与管理 / 陶婷主编 . -- 北京：中国劳动社会保障出版社，2023
全国高等职业院校电子商务专业教材
ISBN 978-7-5167-5831-1

Ⅰ.①客… Ⅱ.①陶… Ⅲ.①企业管理－销售管理－高等职业教育－教材 Ⅳ.①F274

中国国家版本馆 CIP 数据核字（2023）第 090440 号

中国劳动社会保障出版社出版发行
（北京市惠新东街 1 号 邮政编码：100029）
*
北京市白帆印务有限公司印刷装订 新华书店经销

787 毫米 ×1092 毫米 16 开本 11.75 印张 247 千字
2023 年 8 月第 1 版 2023 年 8 月第 1 次印刷
定价：29.00 元

营销中心电话：400-606-6496
出版社网址：http://www.class.com.cn
http://jg.class.com.cn

版权专有 侵权必究
如有印装差错，请与本社联系调换：（010）81211666
我社将与版权执法机关配合，大力打击盗印、销售和使用盗版图书活动，敬请广大读者协助举报，经查实将给予举报者奖励。
举报电话：（010）64954652

前 言

近年来，我国电子商务取得显著成就，电子商务已经全面融入我国生产生活各领域，成为提升人民生活品质和推动经济社会发展的重要力量。电子商务的新业态、新模式发展也创造了大量新职业、新岗位，对电子商务从业人员的职业素质提出了新要求。为了培养更加符合电商技术领域和职业岗位（群）工作要求的高素质应用型人才，我们组织有关行业企业专家、职业院校电商专业学科带头人、骨干教师，依据电子商务师国家职业技能标准和企业实际需求，研发了这套全国高等职业院校电子商务专业教材。

新编写的教材具有以下主要特点：

1. 着眼电商企业新技术、新业态发展，构建满足企业用人需求的专业教材体系

本套教材立足电商企业技术服务与运营推广的岗位架构，围绕电商直播、短视频制作与推广、跨境电子商务等新技术与新业态，构建了由专业基础课程教材、专业核心课程教材和专业拓展课程教材组成的教材体系，主要包括《电子商务基础》《电子商务法律法规》等专业基础课程教材，《商品图片拍摄与处理》《网店视觉设计》《网站设计与开发》等技术与服务类专业核心课程教材，《网店运营实务》《跨境电子商务实务》《电商直播》等运营与推广类专业核心课程教材，以及《电子商务会计》《电子商务物流》等专业拓展课程教材，以岗位工作为导向，以综合职业能力为核心，培养符合企业需求的电商应用型人才。

2. 积极创新教材编写模式，注重实践能力培养

在教材研发过程中，坚持产教融合、工学一体的职业教育理念，对于技术技能型课程，积极探索按照职业领域典型工作任务，以工作过程为主线，以综合职业能力为目标，体现项目导向、任务驱动、工学结合的教学设计。对于专业理论课程，则尽可能多地引入企业真实案例、素材等，以提高学生的工作实践能力。

3. 开发多种教学资源，提供优质教学服务

在教学服务方面，围绕主教材，配套开发电子课件和相应的习题册，并对重点核心课程开发操作演示视频、微课、素材库等数字资源，方便教师教学和学生自主学习。电子课件及习题册答案可登录技工教育网（jg.class.com.cn）查询下载，数字化配套产品扫描书中二维码即可在线观看。

4. 丰富教材表现形式，提高教材可读性

教材的表现形式符合职业院校学生的认知规律。通过清晰的栏目设置，增强教材的表现力，并尽可能多地以图表代替大段冗长的文字叙述，使教学内容直观明了，降低学习难度。同时，对部分教材采用四色印刷，以增强教材内容的表现效果，提高教材的时代性和可读性。

本套教材的编写工作得到了有关学校的大力支持，教材的编审人员做了大量的工作，在此我们表示衷心的感谢！同时，恳切希望广大读者对教材提出宝贵的意见和建议。

人力资源社会保障部教材办公室

目 录

模块一　走进客户服务

学习单元一　认识客户服务

学习目标

知识目标

1. 掌握客户服务的概念。
2. 熟悉客户服务的特征。
3. 掌握网店客服的工作流程。

技能目标

1. 能熟练下载和安装电脑版千牛卖家工作台。
2. 能熟练登录电脑版千牛卖家工作台，熟悉各功能页面。

素养目标

1. 具有耐心倾听客户需求、礼貌地与客户沟通的职业素养。
2. 具有良好的服务意识、规范意识、自我情绪管理意识。
3. 具有旺盛的求知欲，严谨、细致的工作态度和敬业精神。

导　语

小林从事服装行业多年，为了拓展业务，他新开了一家网店。新店开张，小林不仅要做运营、推广，还要身兼客服。小林发现客服工作没有他想象得那么简单，需要掌握多方面的知识和技能。

思考：

1. 客服有哪几类？客服的岗位职责有哪些？

2. 网店客服的工作流程是怎样的？

相关知识

一、客户服务与客服

1. 客户服务的概念

客户服务就是为客户提供服务，主要体现了以客户满意为导向的价值观。广义而言，任何能提高客户满意度的内容都属于客户服务的范围。

2. 客服的概念

随着电子商务的飞速发展，客户与店铺基于网络平台的沟通不可或缺，网店客服应运而生。网店客服是指通过网络为客户提供相关服务的人员。

3. 客服的分类

按照服务的时序分类，网店客服可以分为售前客服、售中客服和售后客服。

（1）售前客服

售前客服主要负责解答客户在购物过程中的所有疑问，帮助客户挑选到满意的商品，从而为店铺带来销售业绩。

（2）售中客服

售中客服主要负责处理客户从付款到订单签收过程中遇到的问题。

（3）售后客服

售后客服主要负责帮助客户解决收到商品后出现的各种问题，如退换货、评价管理等。

4. 客服职责

客服岗位是关乎客户购物体验的岗位，客服要对客户是否购买到适合的商品负责，要对客户是否能顺利地完成交易负责，要对客户是否有良好的购物体验负责，除此之外，客服还需要协助其他岗位完成店铺的销售和服务工作。具体包括以下工作内容。

（1）接待客户

使用即时通信工具与客户进行线上沟通，或者通过打电话、发邮件等形式与客户进行交流、沟通，帮助客户处理遇到的问题。

（2）销售商品

根据掌握的商品知识，结合客户的需求，运用适当的销售技巧，把商品推荐给客户，最终促成订单。

（3）解决客户问题

从专业的角度为客户解决在交易过程中遇到的商品、物流、支付等各方面的问题。

（4）后台操作

包括交易管理、商品管理、评价管理、客户服务等相关事宜的操作。

（5）客户信息收集

收集客户特征信息，分析客户需求，为店铺的客户维护与营销提供可靠的信息依据。

（6）问题的收集与反馈

收集、整理客户提出的有关商品及店铺服务等方面的意见、建议，并反馈给相关部门。

二、客户服务的特征

客户服务通常被定义为一种能满足客户需求的隐性职能，是由一系列具有无形性的活动所构成的过程，这个过程是在客户与客服的互动关系中进行的。与有形产品相比，客户服务呈现以下特征。

1. 无形性

有形产品和客户服务之间最基本的，也是最常被提到的区别是客户服务的无形性。因为客户服务不是有形产品，而是由一系列活动所组成的过程，这个过程不能像有形产品一样被看到、触摸到。

服务的无形性带来了营销挑战：服务的质量和价值信息很难像有形产品那样传递给客户，新的服务理念很容易被竞争对手模仿。

2. 差异性

客户服务是由人表现出来的一系列行动，不像有形产品一样可以被标准化，因而具有较大的差异性。而且客服所提供的服务通常是客户眼中的服务，由于没有两个完全一样的客服，也没有两个完全一样的客户，那么就没有两种完全一致的服务。

客户服务的差异性主要是由于客服和客户之间的相互作用以及伴随这一过程的所有变化因素所导致的，这也决定了客户服务质量取决于服务提供者不能完全控制的许多因素，如客户对其需求的表达能力、客服满足这些需求的能力、客户对客服需求的程度等。

3. 不可储存性

客户服务不能像有形产品一样被储存、转售或者退回。首先，客户服务不能在生产后储存待售。其次，客户也无法购后储存，或者退回劣质服务。

客户服务的不可储存性带来了供需之间的矛盾，需要采取相应的措施调节，解决供需的不一致。另外，客户服务无法被退回，因此必须制定服务补救措施，避免服务危机，化解客户的不满情绪。

4. 生产与消费同步性

大多数商品是先生产，然后存储、销售和消费。但大部分的服务却是先销售，然后同时进行生产和消费。

客户服务生产的时候，客户是参与其中的。客户服务生产和消费的同步性使客户服务难以进行大规模的生产，不太可能通过规模化来获得显著的经济效应。另外，客户服务生产和消费的同步性要求客服必须了解整个服务传递过程。

三、网店客服的工作流程

网店客服不仅需要了解有关商品的专业知识，还需要对网店及平台规则了然于心，并且具有判断售后问题的综合能力。对于大中型网店或平台而言，客服分工非常重要，由于订单较多、咨询量大，如果客服工作没有流程化、系统化的安排，就很容易出错。流程化的客服工作模式不仅易于管理、考核客服工作，还能减少客户对客服工作的投诉，让客服各司其职、井然有序地工作。

一般来说，网店客服工作可分为售前、售中和售后三个阶段，如图 1-1 所示。订单付款前提供的客户服务为售前客服工作，从付款后到客户签收提供的客户服务为售中客服工作，客户签收后提供的客户服务为售后客服工作。

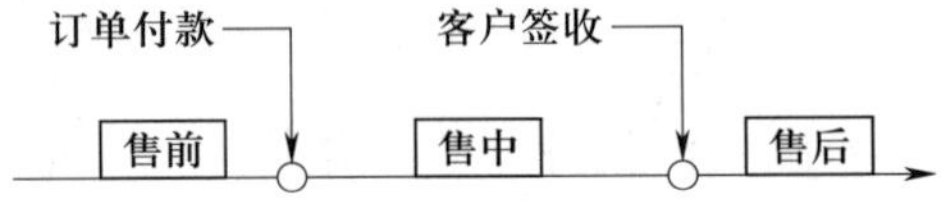

图 1-1 网店客服工作的三个阶段

1. 售前客服工作流程

（1）熟悉商品，了解商品相关信息

对于售前客服来说，熟悉商品是最基本的工作。客服对商品的种类、材质、尺寸、搭配、注意事项等都要了如指掌，这样才能准确地回答客户提出的关于商品的各种问题。

（2）接待客户

售前客服接待客户时要积极热情，有足够的耐心，给客户信任感，让客户满意。无论客户是否购买商品，都要真诚地表示感谢并欢迎客户再次惠顾，以便给客户留下良好印象，促成当前或以后的交易。

遇到议价的客户，客服不能直接拒绝，在能接受的条件下给予适当优惠，如包邮、赠送小礼物等，让客户感到物超所值；如果确实不能接受，客服也应采用比较委婉的方式拒绝。

（3）查询库存

商品页面上的库存与实际库存可能存在偏差，售前客服应在网店管家等软件中查询实时库存量，以免出现因缺货而发不了货的情况。杜绝未经查询库存就直接回复客户的情况。

（4）核对信息

客户下单付款后，售前客服要及时与客户核对信息，避免因信息错误引起的麻烦，也可以让客户感受到客服的认真和专业。同时提醒客户先验货后签字，如商品有问题可以拒签，并及时联系客服。

（5）修改备注

当客户的订单信息或收件信息有变化时，客服需要进行备注，并写上备注事由、修改人姓名和修改时间等。

（6）通知发货

当货物发出后，客服可以给客户发信息，告知客户购买的商品已经发出。

（7）催付未付款订单

对于已拍下商品但未付款的客户，客服可以发出提醒，如果客户仅是忘记付款，这样做能及时挽回订单；如果客户没有打算购买，客服询问后可以手动关闭订单，方便其他客服工作，提高效率。

（8）售前客服话术

欢迎语：

客户：您好，我是客服××，很高兴为您服务，有什么我可以效劳的？

客服：您好，欢迎光临××旗舰店，客服××竭诚为您服务。

商品介绍环节：

客户：请问是正品吗？

客服：××品牌目前仅此一家旗舰店，旗舰店的申请需要公司的营业执照、注册商标、产品质检报告等证明材料。所以您大可放心，保证是正品。

议价环节：

客户：还能再便宜些吗？

客服：抱歉，我们客服没有更改价格的权利，希望您能理解。现在的价格已经是最低价了，您现在拍下非常优惠哦。

支付环节：

客服：您已经支付成功，订单已经受理。再次与您核对下收件地址，我们会在24小时内为您发货，请注意查收。

物流环节：

客服：我们默认使用××快递。江浙沪一般×天左右到货，其他地区×天左右到货，逾期未收到请及时联系本店客服。收货后有任何不满意请联系我们，谢谢！

2. 售中客服工作流程

售中客服的主要工作是处理订单，包括查询订单状态、换货或更换物流公司、取消订单等，售中客服的工作流程如图 1–2 所示。

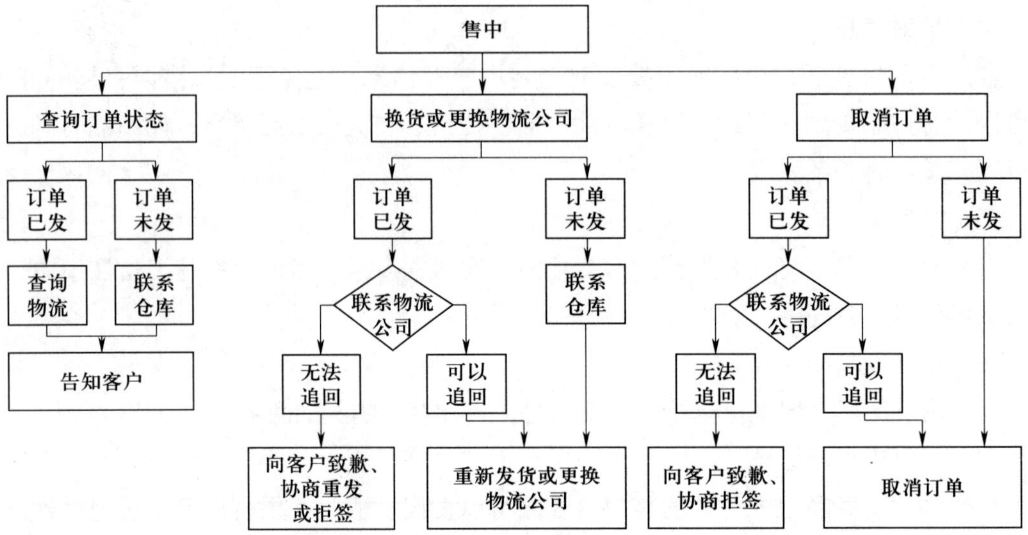

图 1–2　售中客服的工作流程

（1）查询订单状态

售中客服要帮助客户查询订单状态。如订单已经发货，售中客服将查询到的当前物流状态反馈给客户；如订单未发货，售中客服应联系仓库沟通未发货原因和具体发货时间，并及时回复客户。

（2）换货或更换物流公司

如遇到客户有换货或者更换物流公司的需求，售中客服应立即查询订单是否发货。如订单已经发货，则联系物流公司追回后重新发货或更换物流公司，若无法追回则要向客户致歉、协商重发或拒签；如订单未发货，应联系仓库重新发货或更换物流公司。

（3）取消订单

如客户因某种原因需要取消订单，售中客服应立即查询订单是否发货，如订单已发货，则联系物流公司追回后取消订单，若无法追回则要向客户致歉、协商拒签；如订单未发货，则直接取消订单。

3. 售后客服工作流程

售后客服的主要工作是通过与客户的及时沟通，帮助客户解决收到商品后的各种问题。

（1）处理退换货

客户提出退换货，售后客服要询问清楚是因为质量问题还是个人原因退换货。如因质量问题退换货，客服需与客户沟通，要求其提供货物照片；如因个人原因退换货，也要耐心与客户沟通，了解其退换货的具体原因。收到客户退回的货物后要及时检查确认完好后再退款。

如果因为物流公司原因造成货物损坏，应提醒客户拒签，并追究物流公司的责任。

（2）处理中差评

处理中差评流程如图 1–3 所示。

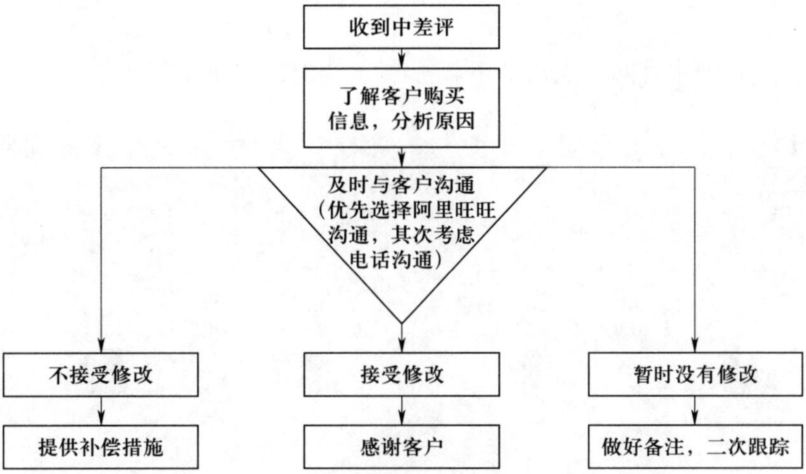

图 1–3　处理中差评流程

售后客服处理中差评的核心是找出问题的关键所在，给出补救措施，挽回客户。事后要改善流程，杜绝类似问题再次出现。

（3）售后客服话术

欢送语：

客服：感谢您对本店的支持，希望您对我们的服务满意，欢迎再次光临。

质量问题：

客服：给您带来麻烦非常抱歉，我的心情跟您一样，我马上为您处理。

快递问题：

客服：我非常理解您的心情，请放心，我们一定会核实清楚，给您一个满意的答复。

中差评：

客服：非常感谢您给我们提出的宝贵建议，有您这样的客户是我们店铺的荣幸。

工作实践

实训 1：下载电脑版千牛卖家工作台

步骤一：打开浏览器，搜索“千牛”，如图 1–4 所示。

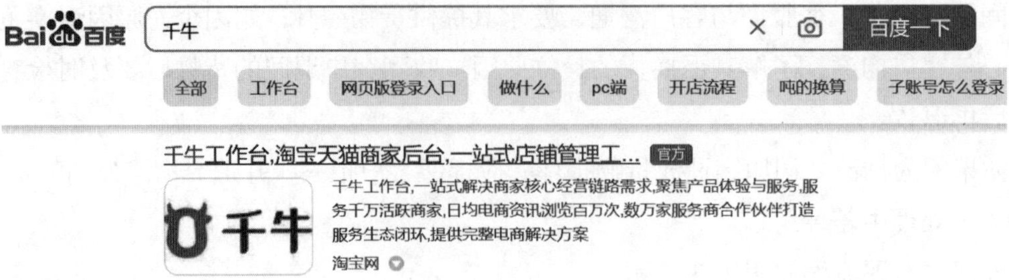

图 1-4　搜索“千牛”

步骤二：进入千牛官网，点击“下载千牛”，如图 1–5 所示。

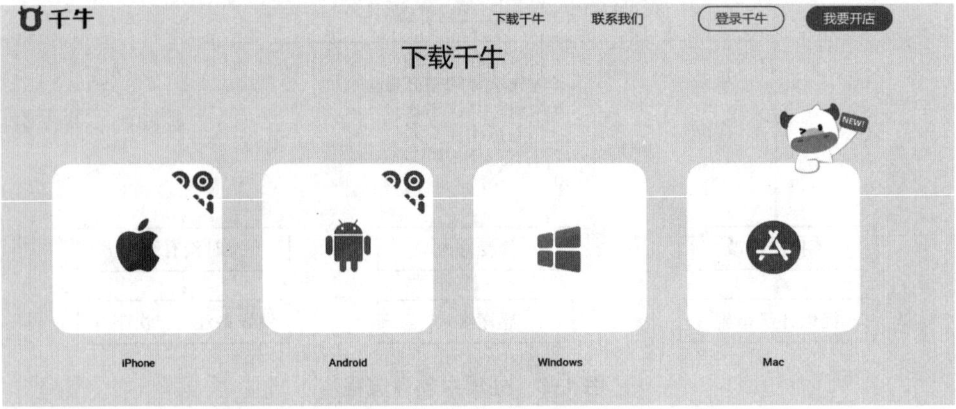

图 1-5　点击“下载千牛”

步骤三：选择 Windows 版下载，如图 1–6 所示。

图 1-6　下载 Windows 版

实训 2：安装电脑版千牛卖家工作台

步骤一：点击“千牛安装包”，如图 1–7 所示。

图 1-7　点击“千牛安装包”

步骤二：点击“立即安装”，如图 1-8 所示。

图 1-8　安装千牛

步骤三：安装完成，如图 1-9 所示。

图 1-9　安装完成

实训 3：登录电脑版千牛卖家工作台

步骤一：在账号和密码栏输入淘宝账号和密码，登录千牛卖家工作台，如图 1-10 所示。

图 1-10　使用账号密码登录

步骤二：也可使用手机端 App 扫描二维码登录，如图 1-11 所示。

图 1-11　扫描二维码登录

步骤三：登录千牛卖家工作台，如图 1–12 所示。

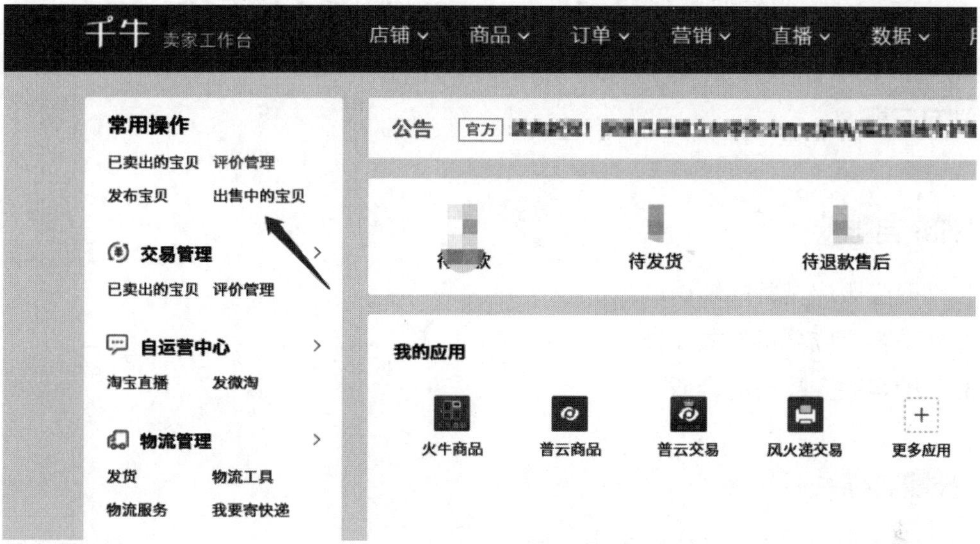

图 1–12　登录千牛卖家工作台

学习评价

根据本单元的学习情况，按知识、技能、素养三个指标进行评价。

评价类别	评价内容	配分
知识	客户服务的概念	10 分
	客户服务的特征	10 分
	网店客服的工作流程	15 分
技能	下载电脑版千牛卖家工作台	15 分
	安装电脑版千牛卖家工作台	15 分
	登录电脑版千牛卖家工作台	15 分
素养	耐心倾听客户需求、礼貌地与客户沟通	8 分
	良好的服务意识、规范意识、自我情绪管理意识	6 分
	旺盛的求知欲，严谨、细致的工作态度和敬业精神	6 分
合计		100 分

学习单元二　客服能力要求

学习目标

知识目标

1. 掌握客服应具备的知识。
2. 熟悉客服应具备的操作技能。
3. 了解客服应具备的素质。

技能目标

1. 能在千牛卖家工作台中设置自动回复。
2. 能在千牛卖家工作台中设置快捷短语。
3. 能在千牛卖家工作台中查询订单。

素养目标

1. 具有耐心倾听客户需求、礼貌地与客户沟通的职业素养。
2. 具有良好的服务意识、规范意识、自我情绪管理意识。
3. 具有严谨、细致的工作态度和敬业精神。

导　语

小李是一家网店的客服，当同时有多名客户咨询时，他的响应速度明显变慢，而且经常出错。另外，当需要改价或修改备注时，由于对后台操作不熟悉，小李常常手忙脚乱，有几笔订单就是因为处理时间过长而丢失了客户。

思考：

1. 客服需要掌握哪些知识才能满足实际工作需要？
2. 有哪些方法能帮助客服提高工作效率？

相关知识

一、客服应具备的知识

网店客服需要掌握专业知识，如平台规则、商品知识、交易知识等，以满足实际工作需要。

1. 平台规则

网店在运营过程中，不仅要遵守国家法律法规，还要遵守所在平台规则。因此，网店客服需要了解所在平台规则，如平台特点、平台的主要页面及功能、商品的展示位、平台活动等。

淘宝平台规则：登录淘宝网首页后，点击页面右上角的“千牛卖家中心”按钮，选择导航栏中的“规则”按钮，即可进入淘宝平台规则的首页（见图 1–13）。

图 1–13　淘宝平台规则首页

京东平台规则：登录京东首页后，将鼠标移动至导航栏中的“商家服务”按钮上，在下拉列表中选择“规则平台”选项，即可进入京东平台规则首页（见图 1–14）。

图 1–14　京东平台规则首页

下面以淘宝网为例，说明客服需要学习的平台规则。

（1）商品如实描述

商品如实描述是指商家对商品的有效描述是如实的，是与商品本身相符的，没有不符合商品实际的描述以及言过其实的描述。商品如实描述服务是指商家承诺对与其商品本身有关的信息描述属实，若商家未能履行该项承诺，则淘宝有权依据《淘宝平台规则总则》及其他公示规则的规定，对由于商家违反该项承诺而导致利益受损的买家进行先行赔付。买卖双方在交易过程中利用阿里旺旺进行沟通时，商家就商品本身、运费、发货情况、交易附带品向买家描述的内容也属于有效的商品描述范围。

描述不符是指买家收到的商品与达成交易时商家对商品的描述不相符，或商家未对商品瑕疵、保质期、交易附带品等必须说明的信息进行披露，妨害买家权益的行为，包括以下情形：商家对商品材质、成分等信息的描述与买家收到的商品严重不符，或导致买家无法正常使用的；商家未对商品瑕疵等信息进行披露或对商品的描述与买家收到的商品不相符，且影响买家正常使用的；商家未对商品瑕疵等信息进行披露或对商品的描述与买家收到的商品不相符，但未对买家正常使用造成实质性影响的。

根据这条规则，客服在与客户沟通时，一定要真实地描述商品的基本属性、瑕疵等必须说明的信息。

（2）评价规则

为了确保评价体系的公正性、客观性和真实性，淘宝将基于有限的技术手段，遵循《淘宝网评价规则》的规定，对违规交易评价、恶意评价、不当评价、异常评价等破坏淘宝信用评价体系、侵犯消费者知情权的行为予以坚决打击，包括屏蔽评价内容、删除评价、评价不计分、限制评价等市场管理措施。

根据这条规则，客服在对客户进行评价以及作出评价解释时要实事求是，不得使用不文明用语，更不能泄露客户隐私。

（3）不得泄露他人信息

泄露他人信息是指未经允许发布、传递他人隐私信息，涉嫌侵犯他人隐私权的行为。如商家未经允许向非买家本人泄露买家订单信息；商家基于非真实交易目的发布商品，并以此获取买家信息进而泄露的；商家在员工管理、账号管理、系统安全等方面存在过失而导致他人信息泄露的等。

根据这条规则，客服注意不能泄露客户的私人信息和订单信息。在日常服务中，要特别注意，买家用哪个 ID 拍的商品，就与哪个 ID 核对信息，特别是涉及需要修改订单信息的。

（4）不得违背承诺

违背承诺是指商家未按照约定向买家提供承诺的服务，妨害买家权益的行为。如商家承诺买家给予换货，但收到退货后又拒绝或表示缺货，或双方约定交换货的具体时间，但商家后续未履行；交易时承诺有赠品，但实际未发；交易时商家承诺的服务未履行等。

根据这条规则，客服在与客户沟通时，不要轻许承诺，一旦向客户作出承诺就要严格履行。例如，客服向客户承诺 24 小时内发货，如未能履行，则客户可以以违背承诺为理由进行投诉。

（5）不得骚扰他人

骚扰他人是指商家对他人实施辱骂、诅咒、威胁等语言攻击或采取恶劣手段对他人实施骚扰等妨害他人合法权益的行为。骚扰他人情节一般的，包括但不限于通过电话、短信、阿里旺旺、邮件等方式对他人实施辱骂、诅咒、威胁等语言攻击的行为，如带有辱骂含义的口头禅、诅咒词汇等不文明用语或让对方产生恐慌或者不安全感的语言；通过电话、短信、阿里旺旺、邮件等方式向他人发送垃圾信息（如不明验证码等），联系频次异常，或多次在深夜、凌晨等不适宜交流的时间联系他人，造成他人反感的行为。骚扰他人情节严重的，包括但不限于多次发生“情节一般”的情形。骚扰他人情节特别严重的，包括但不限于采取恶劣手段严重影响他人正常生活，给他人身心造成极大伤害，或造成严重恶劣影响的行为，如向买家邮寄冥币、寿衣等让人产生反感的物品的行为。

根据这条规则，客服在处理与客户之间的纠纷或异议时，要注意不能频繁地联系客户，以免影响客户的正常生活和工作。在无法说服客户时，也不得以骚扰的方式迫使客户妥协，要做到有礼、有理、有节。

（6）其他规则

客服还需要熟知发货管理规范、争议处理实施细则、安装服务规范、7 天无理由退货规范、信用卡分期付款等规则。

2. 商品知识

客户在网上购买商品时不能直接接触到商品，只能通过浏览商品详情页或与客服沟通来获得商品及其相关信息。因此，对客服而言，掌握商品知识尤为重要。只有充分了解商品，客服才能向客户准确地推荐商品，回答客户询问的各种商品问题。

（1）商品的专业知识

商品的专业知识包括商品外观、商品基本属性、商品保养与维护、商品安装与使用方法、商品的关联销售等。

1）商品外观

客服需要掌握商品显著的外观特点。当客户咨询商品外观时，客服可以准确描述。

2）商品基本属性

商品基本属性包括商品的规格、成分、含量及配件等，这些是客服必须掌握的商品知识。当客户向客服咨询关于商品的基本属性时，如果客服能非常准确地介绍，更能以专业性赢得客户的信赖。

3）商品保养与维护

客服应在客户购买商品时就告知其商品保养与维护的相关知识，以确保客户可以对商品进行合理的养护，从而延长商品的使用寿命。

4）商品安装与使用方法

有些商品需要客户自己动手安装。对于商品的安装与使用方法，客服要熟练掌握。当客户在组装商品遇到问题咨询客服时，客服要迅速准确地帮助客户解决问题。

5）商品的关联销售

客服在学习商品知识的同时，还要掌握一些商品的关联销售知识。在销售某一商品时，客服可以迅速地关联相关商品，并向客户进行关联推荐，以提高客单价。

（2）商品的周边知识

商品的周边知识是指对客户了解或选择商品没有直接关系，但能在一定程度上引导或影响客户的选择，加深客户对商品的认知度的知识。

3. 交易知识

（1）交易流程和规则

客服应该把自己置于买家的角度来了解交易流程和规则，这样才能更好地把握交易尺度。当客户第一次在平台交易，不知道该如何操作时，客服除了要帮助客户了解平台交易流程和规则外，还要指导客户学会查看交易详情，了解如何付款、修改价格、关闭交易、申请退款等。

以淘宝网为例，交易流程和相关规则如下。

1）买家付款

买家所付货款通常是由支付宝代收，等买家收到商品确认收货后再由支付宝转给商家。支付宝收到买家的货款后，交易状态变为“买家已付款，等待卖家发货”，商家随即准备发货。

2）商家发货

商家可以选择支付宝推荐物流公司发货，以获得更多服务和保障；也可以选择其他方式发货。发货完毕后，在已卖出的商品中点击“确认发货”，并填写物流公司及运单号等信息就完成了发货的步骤。

3）买家确认收货

买家在收到商品时，应及时对商品进行检查，如果商品有问题，可以拒绝签收，或者与商家联系，协商处理退换货。如果不能得到满意的回答，可以申请退款或者进行投诉。如果商品没有问题，买家应及时“确认收货”。此时，支付宝会将代收的货款支付给商家，交易初步完成。

4）评价订单

当交易状态变为“交易成功”时，买卖双方可以就此次交易给予对方信用评价。评价有效期为买卖双方交易状态为“交易成功”后的 15 天内。如果在交易评价有效期内只有一方作出了好评，那么在有效期结束后，系统会默认给予评价方好评。如果在评价有效期内双方均未进行交易评价，那么评价有效期结束后会关闭评价入口。如果买卖双方互相或单方给对方“中评”或者“差评”，则在评价后的 48 小时内给予评价方修改评价的机会，48 小时后将全网显示。

（2）支付流程和规则

客服要了解支付工具的支付流程和规则等，以指导客户使用支付工具完成交易。

以淘宝网为例，支付流程和相关规则如下。

1）支付宝账户余额支付

当支付宝账户余额足够支付订单金额时，可以直接使用支付宝余额支付，输入支付宝账户、支付密码，点击“确认付款”即可。当支付宝账户余额不够支付时，选择其他付款方式。

2）储蓄卡支付

若支付宝账户余额不够支付订单金额，但有已开通网上银行的银行卡，可以选择全部订单金额用储蓄卡支付（即网银付款）。

在选择“银行卡对应的银行名称”，点击“下一步”后，如果选择有误，可点击下方的“选择其他方式付款”重新选择，确认选择无误后，点击“登录到网上银行付款”，即可进入网上银行支付页面，如图 1–15 所示。

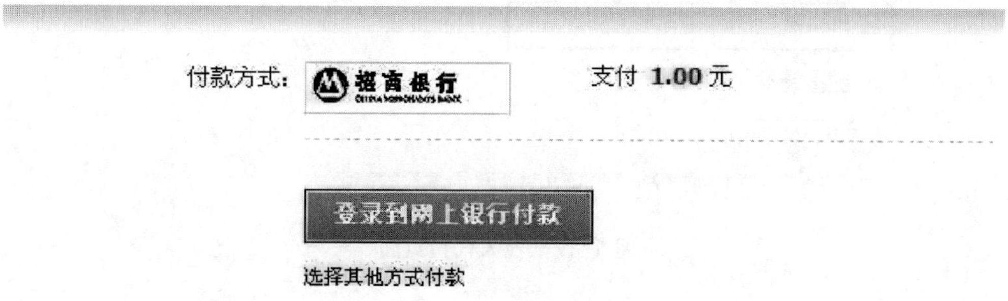

图 1–15　储蓄卡支付页面

3）信用卡支付

首先要确认是否可以使用信用卡支付，进入付款页面，点击“信用卡”，选择银行进行支付即可，如图 1–16 所示。

买家选择信用卡支付，还能获得银行积分，积分会在买家确认收货后 3～5 个工作日计入买家账户。

图 1–16 信用卡支付页面

4）找人代付

第一步：选择需要的商品，点击“立刻购买”。

第二步：确认收货信息和地址后，在找人代付的方框前打上钩，然后点击“确认无误，购买”，如图 1–17 所示。

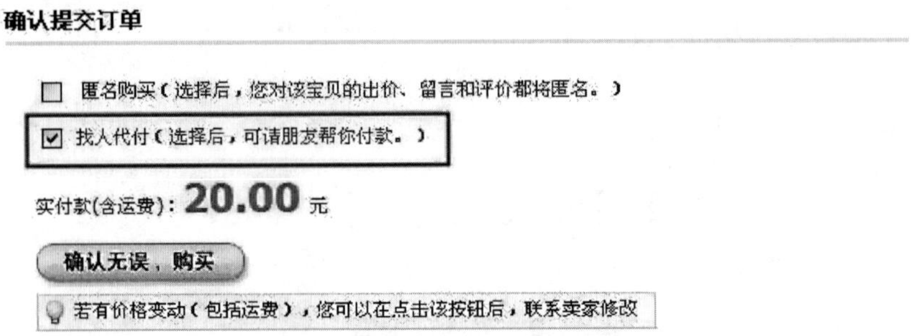

图 1–17 找人代付页面

第三步：选择指定的人代付，或者是任何人都能代付，后续等待他人付款即可。

5）快捷支付

只需要关联信用卡或者储蓄卡，以后支付时输入支付宝支付密码即可。

6）花呗支付

进入付款页面选择“花呗”，输入密码，点击“确认付款”，即可完成支付。

（3）交易安全

客服在日常工作中要特别注意交易安全问题，不随意接收陌生人发送的文件、不扫描可疑的二维码、不点击来历不明的链接，以免计算机或手机中毒。要注意防范账号被盗、安全使用电子邮件、能辨别钓鱼网站、保护网银安全、防范假冒网站等。

防范账号被盗。账户和密码不要相同，定期修改密码。增加密码复杂度，尽量由大小写字母、数字和其他字符混合组成。不同用途的网络账号，应该设置不同的用户名和密码。在公共场所为防止密码被盗，可先输部分账户名、部分密码，再输剩余账户名、剩余密码。

安全使用电子邮件。不要随意点击来历不明邮件中的链接、图片、文件。使用电子邮箱地址作为网站注册的用户名时，应设置与原电子邮箱密码不相同的密码。当收到与个人信息、金钱相关的邮件时要提高警惕。最好设置找回密码的提示问题。

能辨别钓鱼网站。通过查询网站备案信息等方式核实网站资质真伪。警惕中奖、修改网银密码的通知，不轻易点击陌生链接。

保护网银安全。核实银行正确网址，安全登录网上银行。登录时不选择“记住密码”选项。交易完成后要完整保存交易记录。交易完成后点击“退出”按钮，使用完U盾立即取下。对网络单笔消费和网上转账金额进行限制，开通网银短信提醒。不要使用存款较多储蓄卡或信用额度较大信用卡开通网银。支付密码最好不用生日、姓名拼音、电话号码等。

防范假冒网站。直接输入所要登录网站的网址，不通过其他链接进入。登录网站后留意核对所登录的网址与官方公布的网址是否相符。要安装杀毒软件，并及时更新补丁。收到邮件、短信、电话等要求到指定网页修改密码时务必提高警惕。

二、客服应具备的操作技能

客服最重要的工作就是回答和解决客户的问题，帮助客户完成交易，包括提供信息，协助处理订单、付款问题，处理退款，提供产品和服务建议等。

客服需要具备使用沟通工具、后台操作等技能，以充分发挥其职能作用。

1. 使用沟通工具

网店客服与客户的沟通以网上沟通为主，因此，首先要学会使用各种即时通信软件，如阿里旺旺、千牛等。其次还要掌握电话、短信等的沟通技巧。

（1）阿里旺旺

阿里旺旺是淘宝和阿里巴巴为商家量身定做的免费的网上商务沟通软件，可以帮助商家寻找客户，发布、管理商业信息，及时把握商机，随时与客户沟通，快捷方便。阿里旺旺图标如图 1-18 所示。

图 1-18　阿里旺旺图标

阿里旺旺有以下核心功能。

1）完备的聊天功能。具备了在线查找好友、指定发送信息、支持 e 客服账号登录等功能。

2）客户端内部改价。

3）显示未回复数、联系时间、等待分钟，可以清晰地了解当前客户的等候状态。

4）支持群功能。具有群消息漫游等功能。

5）强化交易焦点，可实现商品链接智能转换。

6）支持后台在线及推送好友消息通知、收发图片。

7）支持多账号管理，可以快捷切换、快速注销。

（2）千牛

千牛是阿里巴巴官方出品的店铺管理软件，淘宝卖家、天猫商家均可使用。千牛图标如图 1–19 所示。

图 1–19　千牛图标

作为淘宝客服要熟练掌握千牛的相关操作，并灵活运用。

1）设置快捷键

通过设置常用功能的快捷键，能加快调出常用功能的速度，提高工作效率。设置快捷键窗口如图 1–20 所示。

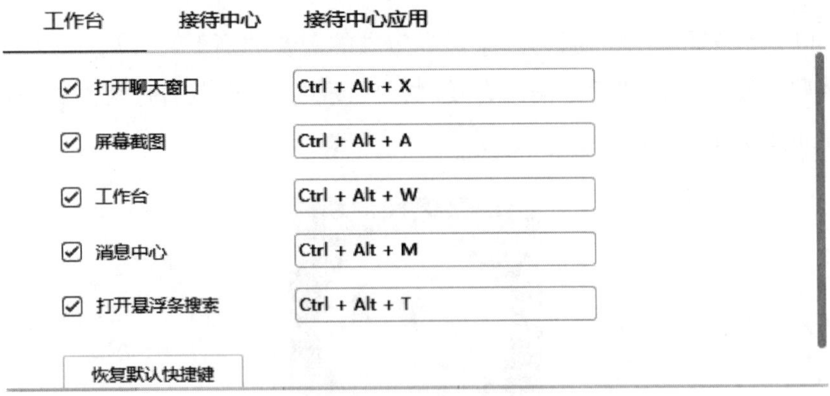

图 1–20　设置快捷键窗口

2）设置自动回复

自动回复功能可以缩短客服首次响应的时长，避免潜在客户流失。还可以自定义设置回复的内容，如客户需要注意的购物事项等。

3）设置快捷短语

客服可以设置常用短语，以便快速回复。如“欢迎光临，请问有什么可以帮您？”“请稍等。”“价格已经修改好，可以付款啦！”使用快捷短语可以节约客服大量的时间，提高客服的工作效率。

4）设置个性签名

个性签名的内容可以是商品推荐、活动介绍等，会在聊天对话框的头像旁边显示。个性签名编辑窗口如图 1–21 所示。

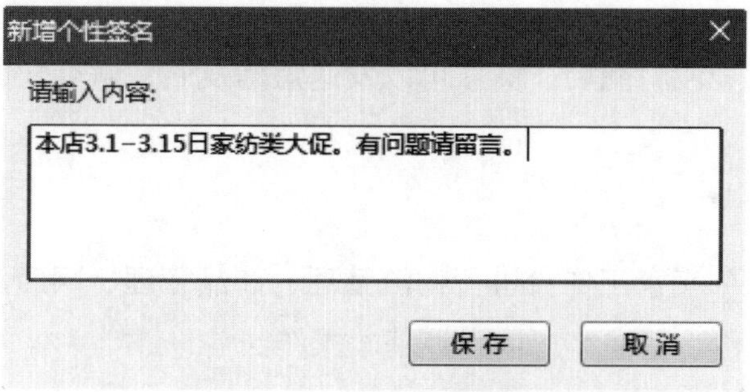

图 1–21　个性签名编辑窗口

（3）电话

商家与客户沟通大部分是通过千牛、阿里旺旺，但有时通过文字沟通处理问题效率比较低，商家就可以通过电话沟通。有以下几种常见的应用场景。

1）催付高客单价订单

提高付款转化率最直接有效的方法就是催付。客户下单后可能因为各种原因未付款，或者自行关闭交易，这时就需要客服及时催付，尤其是对于高客单价订单没有付款的情况，通过电话催付是有效的办法。

2）维护老客户

保持与老客户的经常联系是维护老客户的重要手段。在节假日等特殊日子，可以通过电话向客户致以节日祝福，让客户感受到贴心的关怀。

3）处理售后问题

客户咨询售后问题，通常会伴随不满情绪，此时，通过电话与客户沟通解决问题，能更好地安抚客户的情绪。

（4）短信

短信以其成本低廉、发送精准、灵活性强、互动性高等优点成为电商行业的主要营销渠道之一。和其他沟通方式相比，短信最突出的优势就是可以做到精准营销，商家通过短信把信息传递给客户，能提高信息的触达率。短信的主要功能如下。

1）加深客户对店铺的印象

当客户第一次在店铺购买商品后，商家可以发送短信加深客户对店铺的印象。

2）告知营销活动

当店铺有促销活动时，商家可以发送短信通知客户。

3）提醒物流信息

商家可以发送短信提醒客户快递已发货或即将到货请其准备签收，既体现出商家的责任心，又能获得客户的好感。

4）请客户对商品进行评价

客户评价对于商家来说是非常重要的。商家可以发送短信请客户及时对商品作出评价。

5）跟进客户体验

在客户收到商品一段时间后，商家可以发送短信及时了解客户的使用体验，从而提升店铺服务。

2. 后台操作

商家可以通过千牛卖家工作台进行物流管理、商品管理、网店管理等。客服需要掌握查询订单、订单改价、备注客户信息等基本操作。

（1）查询订单

查询订单是客服最常用的一项操作。点击千牛卖家工作台左侧导航栏“交易”中的“订单管理”就可以打开，如图 1–22 所示。客服可以订单编号、商品 ID、宝贝名称、买家昵称等为查询条件进行查询。

图 1–22　订单管理页面

（2）订单改价

订单改价只针对交易状态为“等待买家付款”的订单，如果客户已付款，则无法从后台改价。

从订单管理页面进入“已卖出的宝贝”，找到需要修改价格的订单后，点击“修改价格”即可改价。

（3）备注客户信息

在为客户提供服务的过程中，如客服与客户达成某些特殊约定，如赠送小礼品、写祝福语等，需要在订单中添加备注，以防忘记。

从订单管理页面进入“已卖出的宝贝”，点击订单右上角的灰色旗帜，在打开的“编辑标记”中选择标记颜色，并添加备注内容。

三、客服应具备的素质

客服需要具备良好的语言表达能力、快速应变能力、良好的心理素质才能胜任客服工作。

1. 良好的语言表达能力

良好的语言表达能力是客服应该具备的最基本的能力，也是最重要的能力。尤其是网店客服大多通过即时通信工具进行沟通，这种沟通方式不是面对面的，具有一定的难度，文字沟通在这个过程中起到关键作用。所以，一名合格的客服必须具备良好的语言表达能力，做到既能通过文字让客户正确地了解商品信息，又能展示商家的服务态度和服务水平。

售前咨询、售中协商、售后服务以及交易评价，任何一个环节都离不开良好的沟通。客服要掌握常用规范用语，避免使用负面语言，任何情况下都不能说脏话和使用激怒客户的词语。少用“我”，多使用“您”或者“咱们”，让客户感觉客服是站在他们的角度考虑问题。

例如：

当客户进入店铺咨询时，第一句话应该是：“（微笑表情）您好！××欢迎您，很高兴为您服务！”

当客户遇到问题时，可以说：“您好！请不要着急！我们会帮您解决处理好的！”

当客户要求改价付款时，可以说：“请稍等，我马上帮您改！”

当价格改好通知客户付款时，可以说：“让您久等了，价格已改好，付款后我们会尽快安排发货！”

当客户完成付款时，可以发送合作愉快表情和再见表情。

当客户还未收到货来询问物流情况时，可以说：“您好！我马上帮您查询。”

总之，客服要极力营造一个舒适的沟通氛围。

2. 快速应变能力

快速应变能力就是当环境、条件、对手等发生变化时，能够迅速采取措施加以应对的能力。

客服具备快速应变能力相当重要。在日常工作中，面对形形色色的客户以及客户提出的各种问题，客服要能够快速反应、灵活应对。

要想能够快速应变，需要具备必要的知识、出色的智慧、敏捷的头脑和丰富的经验，还要养成事先策划、周密计划的习惯。提高快速应变能力可以从以下几点入手。

（1）保持冷静

遇到意外的事情首先要保持冷静。只有这样，才能平心静气地分析问题、发挥才智妥善处理问题。情绪过分激动或紧张只会抑制思维活动，不利于解决问题。

（2）注意积累

平时要多读书、多学习，掌握更多的知识和技能。工作中也要多思考、多分析，提高理性、快速处理问题的能力。

（3）做好预案

对一些可能发生的事情，提前想好应对方法，即使这件事情发生概率较低，也要有所防范，这样等到类似事情发生时，才能更加从容不迫、快速应对。

（4）扩大社交范围

扩大自己的社交范围，多交一些各行各业的朋友，不同的人有不同的性格特点，学会和各色各样的人打交道，应变能力也会不断得到提升。

3. 良好的心理素质

客服在工作中承受着许多压力、挫折，没有良好的心理素质是不行的。一般来说，客服需要具备以下心理素质。

（1）遇事处变不惊

客服在遇到突发事件和客户的突发行为时，要处变不惊，冷静应对，控制事态发展。

（2）抗挫折、打击的能力

客服在工作中经常会遇到失败和挫折，要求抗压力强，要有打不垮、击不倒和积极进取的精神。

（3）情绪的自我调节能力

客服经常会碰到客户的抱怨甚至责骂，只有调节好自己的情绪，才能更好地给客户提供服务。

工作实践

实训 1：设置自动回复

步骤一：点击千牛卖家工作台右上角的“接待中心”按钮。

步骤二：进入接待中心，打开右上角“设置”菜单，选择下拉菜单中的“系统设置”，如图 1–23 所示。

图 1–23　选择“系统设置”

步骤三：选择“接待设置”中的“自动回复”，进入“自动回复”页面，如图 1–24 所示。

图 1–24　“自动回复”页面

步骤四：点击右侧窗口中“自动回复”按钮，自动跳转到客户服务平台的“欢迎语设置”页面，如图 1–25 所示。

图 1-25 “欢迎语设置”页面

步骤五：点击“售前通用”（有客服在线）右侧的编辑按钮，在通用模板中进行设置。是否启用选择“启用”，欢迎话术中编辑“Hi，我是本次接待您的客服 AA，请问有什么可以帮助您？”，如图 1-26 所示，点击保存。

图 1-26 设置欢迎话术

实训 2：设置快捷短语

步骤一：点击“接待中心”中的“快捷短语”按钮，如图 1-27 所示。

图 1-27 “快捷短语”按钮

步骤二：打开右侧“快捷短语”设置页面，可完成新增、编辑、删除、导入、导出等快捷短语操作，如图 1–28 所示。

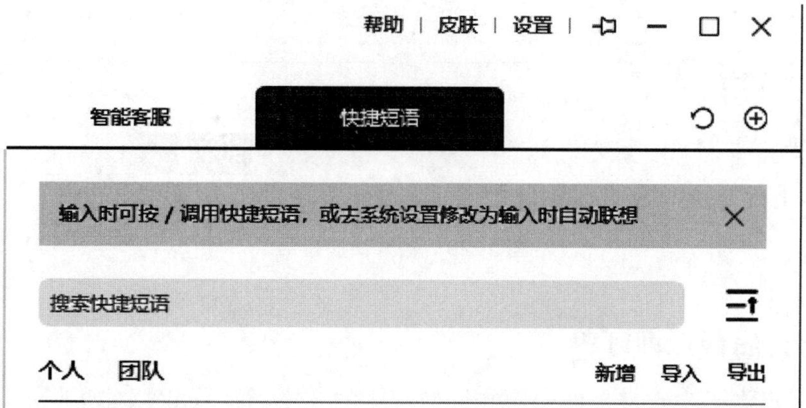

图 1-28 “快捷短语”设置页面

步骤三：点击“新增”，在新增快捷短语页面中输入“您的眼光真好。这件宝贝参加三八女神节活动，买二送一，拍 2 件发 3 件，拍 4 件发 6 件，以此类推，多买多得，全年最低，不要错过哦！”，点击保存，如图 1–29 所示。

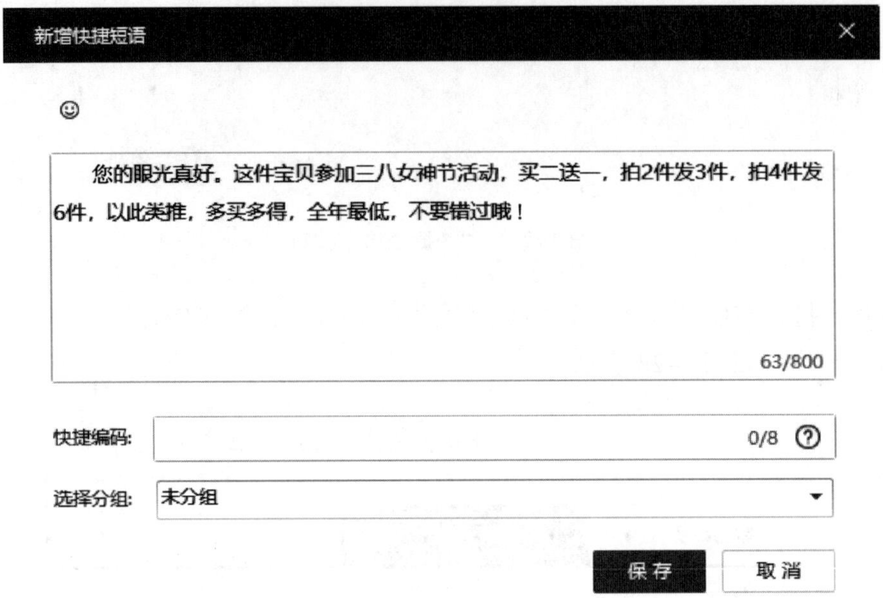

图 1–29　输入快捷短语

实训 3：后台查询订单

步骤一：点击千牛卖家工作台左侧导航栏中的“交易”，如图 1–30 所示。

图 1–30　千牛卖家工作台页面

步骤二：进入交易模块，进行订单管理。

步骤三：在订单编号中输入单号，点击“搜索订单”，即可进行订单查询，如图 1–31 所示。

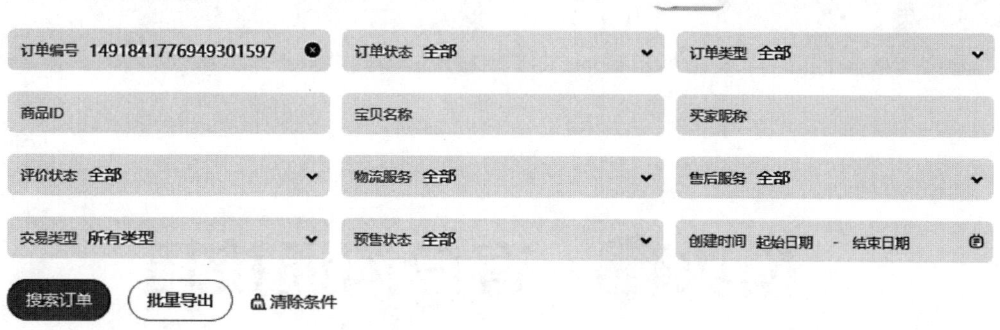

图 1–31 订单查询

学习评价

根据本单元的学习情况，按知识、技能、素养三个指标进行评价。

评价类别	评价内容	配分
知识	客服应具备的知识	10 分
	客服应具备的操作技能	10 分
	客服应具备的素质	15 分
技能	设置自动回复	15 分
	设置快捷短语	15 分
	后台查询订单	15 分
素养	耐心倾听客户需求、礼貌地与客户沟通	8 分
	良好的服务意识、规范意识，自我情绪管理意识	6 分
	严谨、细致的工作态度和敬业精神	6 分
合计		100 分

模块二　客户沟通技巧

学习单元一　客户沟通概述

学习目标

知识目标

1. 掌握客户沟通的目的。
2. 熟悉客户沟通的原则。

技能目标

1. 能在千牛卖家工作台中进行客户分组设置。
2. 能在千牛卖家工作台中进行客户排序设置。

素养目标

1. 具有耐心倾听客户需求、礼貌地与客户沟通的职业素养。
2. 具有良好的服务意识、规范意识、自我情绪管理意识。
3. 具有严谨、细致的工作态度和敬业精神。

导　语

林先生想在某网店购买一件棒球外套，但不知道选择哪个尺码合适。于是他主动联系了客服进行咨询，可 10 分钟过去了，客服还是没有回复，林先生感到很失望。

思考：

1. 客服在与客户沟通的过程中要遵循哪些原则？

2. 客服通过什么方法能尽快发现等待时间过长的林先生？

相关知识

客服在与客户沟通中可能会出现回复不够及时、沟通费时耗力、不能持续跟进等问题，这些问题不仅直接影响客户服务质量，还会造成客户体验感差、客户流失率高以及客户转化率低等问题。因此，客服要掌握与客户沟通的原则和技巧，以提升沟通效率和服务质量。

一、客户沟通的目的

1. 与客户建立关系

客服通过与客户进行积极有效的沟通，进而与之建立长期稳定的合作关系，是客服工作中非常重要的环节之一。

（1）主动服务和被动服务

根据服务发起的时机，服务可分为被动服务和主动服务。被动服务是在客户有要求的情况下，客服给予服务，比如客户就商品提出咨询。主动服务是在客户提出具体需求之前，客服主动提供服务。主动服务可以提高客户体验感，给客户留下更好的印象，有利于建立和维系良好的客户关系。

（2）掌握专业知识

客服只有掌握专业知识，才能在与客户沟通中处于主动地位，让客户产生信赖感。首先，客服要熟知平台规则，遇到相应的问题能最快最好地给客户解决。其次，客服必须掌握商品知识，对于商品的性能、用途、使用方法、成分等都要非常清楚。

（3）赢得客户信任

客服在与客户沟通中，要真诚，从客户利益出发，以赢得客户信任，建立良好的合作关系。不论是介绍商品还是提供售后服务，客服都要说实话，不要误导，不要过度承诺，这样才能和客户建立起信任关系。

2. 发现客户需求并促成交易

对于客服而言，发现客户需求是整个客户服务过程中最关键的一步。

（1）客户需求的类别

客户的需求分为显在需求和潜在需求。显在需求是指客户意识到的，并且准备购买某种商品或服务的需求。潜在需求是指客户没有意识到，经提醒后愿意购买某种商品或服务的需求。

（2）发现客户需求

要发现客户的需求，提问是最好的方式。通过提问可以准确而有效地发现客户真正的需求，从而提供精准服务。常见的问题有：您想要什么样的？想买什么价位的？您什么时候要？您要多少？您喜欢怎样的装修风格？需要多大尺寸？

客服在讲解产品的卖点时可以围绕客户的回答展开，帮助其解决问题。在和客户进行沟通之后，客服必须提供多种可行方案，来供客户选择。

（3）促成交易

客服与客户沟通的最终目的就是促成交易。客服在促成交易的时候要注意以下问题。第一，注意倾听客户的话，了解其所思所想。第二，换位思考，深挖客户需求，如实介绍产品能解决客户哪些问题。第三，从历史数据信息中挖掘客户的喜好与需求，分析客户的消费习惯及消费心理。第四，抓住客户的购买信号，迅速促单，实现成交。

二、客户沟通的原则

1. 尊重顾客

人都有自尊心理，都希望得到别人的尊重、认同和赞扬。客户在购物过程中同样希望自己得到尊重。因此，客服要更好地主动适应与满足客户的自尊心理。只有出于对客户的信任和尊重，真诚地视客户为朋友，给予客户可靠的关怀和贴心的帮助，才是面对客户的正确心态，才能赢得客户。

客服不仅要被动地解决客户的问题，更要对客户的需要、期望和态度有充分的了解，发挥主动性，提供量身定制的服务，真正满足客户的被尊重感和自我价值感，不仅要让客户满意，还要让客户超预期满意。

客服要始终坚持客户至上的原则，以百分之百的细心、耐心、诚心对待客户，提供认真热情、细心周到的服务，让每位客户都有宾至如归的感觉，开心愉快地购物，提高客户回头率。

2. 主动沟通

（1）应与客户保持主动、经常、有效的沟通，并认真倾听客户的需求及意见。

（2）对客户提出的问题与要求，应主动回应，在第一时间给予反馈，一般不超过1个工作日，或按照双方约定的时间反馈，反馈的内容包括具体的处理方案及进度等。

例如：

当客户询问物流信息时，不仅要及时回复，还要在物流状态有更新时主动与客户沟通。

客户：我的货怎么还没有到，都5天了。

客服：您好，真的非常抱歉，耽误了您的宝贵时间，您先不要着急，我这边帮您查看一下。

客服：您的快递物流状态一直是正常中转的，今天已经在安排派送了，如果您有疑问，可以直接联系快递员。

客服：您的包裹已经显示在派送了哦，我们已经和快递员确认过了，下午会给您安排派送的。如果下午 3 点左右您还没有收到包裹，可以再与我联系，我继续帮您处理。

3. 热情真诚

热情是打动人的第一步，真诚是维系客户关系的基础。想要在短时间内拉近与客户的距离，让客户感受到百分之百的热情和真诚是非常必要的。

（1）“热情”最直观的体现就是客服的回复速度快，回复用语准确、礼貌、真诚。

（2）说话真诚一点。不要夸大商品的功效，要如实地告诉客户商品的优缺点。

（3）不要随意承诺，承诺了客户的事情就要去做好。

网店客服不能与客户进行面对面交流，因此网店客服要通过文字传递真诚与热情，提升客户的体验感，提高转化率。

例如：

在打招呼时，使用标准问候语。“您好，请问有什么可以帮您？”

在不同的时间段或者节假日，致以相应的问候。“早上好！ ×× 客服为您服务，请问有什么可以帮您？”“新年好！请问有什么需要帮助的？”

工作实践

实训 1：客户分组设置

步骤一：登录千牛卖家工作台，进入“接待中心”页面，点击左上方“我的好友”按钮，如图 2–1 所示。

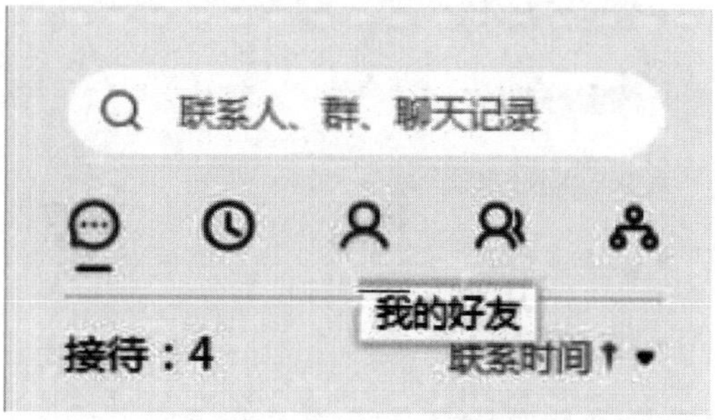

图 2–1 “我的好友”页面

步骤二：在展开的页面中，在除“黑名单”分组和“陌生人”分组之外的任一分组上点击鼠标右键，在弹出的快捷菜单中可以进行展开所有组、收起所有组、向组员群发消息、添加组、添加子组等操作。选择“添加组”命令，如图 2–2 所示。

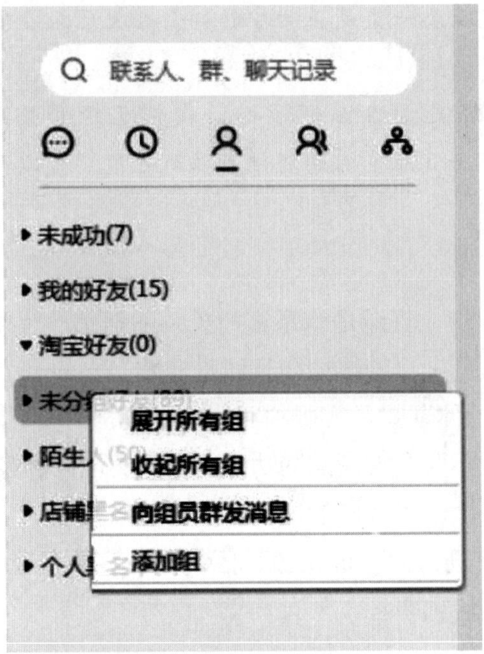

图 2-2　选择“添加组”

步骤三：添加组将出现在好友分组的最上方，且名称呈现可编辑状态，在编辑栏中输入“老客户”，如图 2-3 所示。

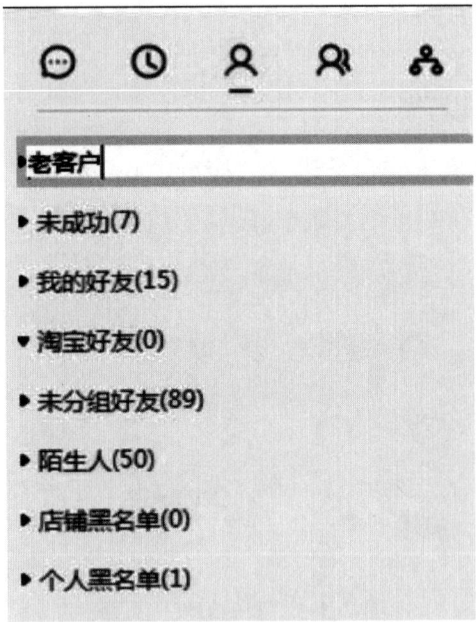

图 2-3　输入添加组的名称

步骤四：点击“我的好友”分组对应的展开按钮，在将要移动的好友名单上点击鼠标右键，在弹出的快捷菜单中选择“移动好友”命令，如图 2-4 所示。

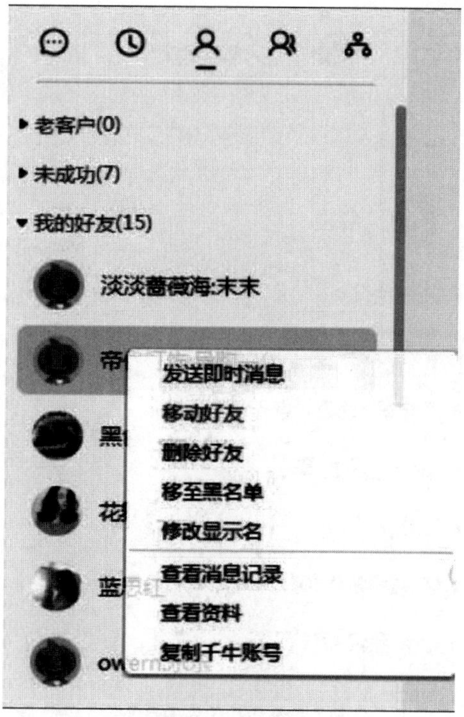

图 2-4　移动好友

步骤五：在弹出的下一级快捷菜单中选择“老客户”分组，如图 2-5 所示。

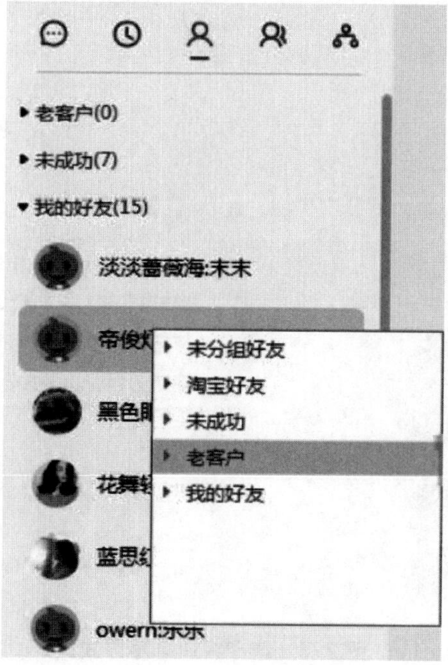

图 2-5　选择客户分组

步骤六：在“老客户”分组中将自动显示新添加的客户，如图 2-6 所示。

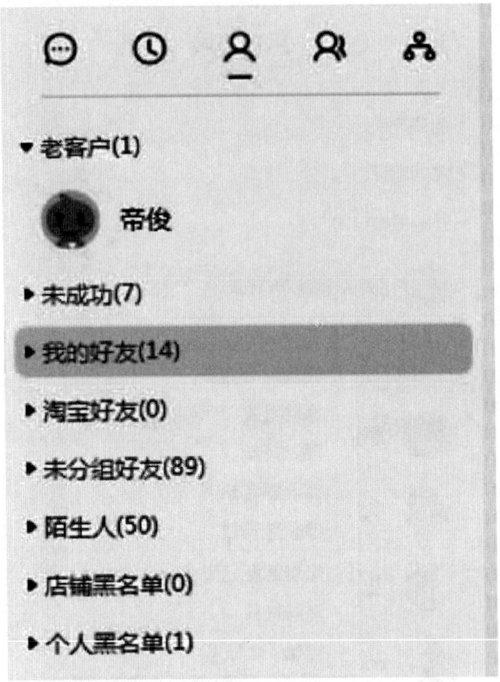

图 2-6　客户分组成功

实训 2：客户排序设置

步骤一：如果想联系以前的老客户，可选择“联系时间从远到近”方式排序，查看接待列表状态，如图 2-7 所示。

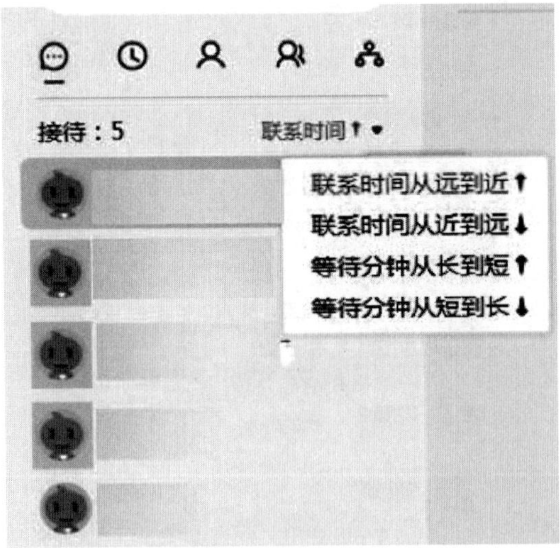

图 2-7　选择客户排序方式

步骤二：如果想联系新客户，可选择“联系时间从近到远”方式排序，查看接待列表状态。

步骤三：如果想服务等待时间较长的客户，可选择"等待分钟从长到短"方式排序，查看接待列表状态。

步骤四：如果想服务等待时间较短的客户，可选择"等待分钟从短到长"方式排序，查看接待列表状态。

学习评价

根据本单元的学习情况，按知识、技能、素养三个指标进行评价。

评价类别	评价内容	配分
知识	客户沟通的目的	15 分
	客户沟通的原则	20 分
技能	客户分组设置	15 分
	客户排序设置	15 分
素养	耐心倾听客户需求、礼貌地与客户沟通	15 分
	良好的服务意识、规范意识、自我情绪管理意识	10 分
	严谨、细致的工作态度和敬业精神	10 分
合计		100 分

学习单元二　客户沟通方法

学习目标

知识目标

1. 掌握客服有效倾听的基本知识和技巧。
2. 掌握客服有效提问的基本知识和技巧。
3. 掌握客服有效表达的基本知识和技巧。

技能目标

1. 能熟练地接待客户。
2. 能在千牛卖家工作台中进行未付款订单查询。

素养目标

1. 具有耐心倾听客户需求、礼貌地与客户沟通的职业素养。
2. 具有良好的服务意识、规范意识、自我情绪管理意识。
3. 具有严谨、细致的工作态度和敬业精神。

导 语

小李是一名新晋客服，怀着满满的热情想要在短期内快速提高销售额，于是他利用上班前、下班后以及中午的休息时间，主动联系了许多老客户，推荐店铺内的新商品。但效果很不好，有几位客户甚至将他拉黑了。小李百思不得其解。

思考：

1. 网店客服与客户沟通的合适时间是什么时候？
2. 网店客服推销商品需要哪些技巧？

相关知识

一、客服有效倾听

1. 客服倾听的基本知识

（1）倾听的含义

倾听是指细心地听取，就是凭借听觉器官接受言语信息，进而通过思维活动达到认知、理解的全过程。

客服倾听，除了要了解客户言语所表达的意思之外，还要理解客户的言外之意。言外之意才是客户心中真正的想法，可能是他们不愿意说，或者是连他们自己也不曾意识到的深层想法，但却是左右决策的关键。

（2）倾听的作用

积极地倾听是与客户建立关系进而进行客户服务的前提条件。

第一，倾听是收集信息的过程，对于深入理解客户的需求至关重要。忽视客户表达的信息，就难以真正理解客户。

第二，倾听能够营造良好沟通的气氛，从而使客户打开心扉，更加坦率地表达真实的想法。

第三，倾听能够表达对客户的尊重与关注，这会使客户更加积极地投入沟通过程中。

第四，倾听可以建立客服与客户之间的信任感，为后续沟通的顺利进行打下坚实的基础。

很多人总是迫不及待地想表达自己的想法，而对于客服工作来说，90% 的时间都是在与客户沟通。沟通首先是善于倾听，在倾听的同时帮助客户解决问题。绩效高、工作效率高的客服都是善于倾听的人。

2. 客服倾听的技巧

（1）鼓励客户详细表达自己的需求

倾听客户的诉求，说明客服愿意站在客户的角度考虑问题，有利于建立融洽的关系。在客服工作中，会遇到客户不知道该如何表达自己的需求，不知道该如何描述问题的情况，这时客服可以鼓励客户，告知客户："没有关系，您可以看某个页面或文字提示，看下能否推断出您的问题。"然后通过客户的描述来确定客户的问题，并提出可以帮助客户解决问题的方案和处理结果。

（2）表现出愿意提供服务的态度

在客户服务的过程中，客服可以用一些礼貌的用语来拉近和客户的关系。例如："很愿意帮助您解决问题，您可以简单描述一下遇到的问题吗？"

客户只要来咨询，目的一定是想解决自己的问题。客服要表现出会尽全力去帮助客户解决问题的态度，让客户感受到诚意，从而缓解或者消除不良情绪。

首先，尽可能提供适合客户的解决方案。如遇到有安装问题的客户时，可以通过发送教程视频的方式指导安装。

其次，要向客户作出适当而且诚实的承诺。如当客户的问题不能在客服权限内解决，需要其他部门协助处理时，不要随便作出承诺，应如实地告诉客户需要其他部门协助处理，稍后反馈结果。

再次，合理约定给客户回复的时间。有时遇到不知道该如何解释的问题时或者客户对客服的解释不满意时，客服要尽可能给自己留下充足的回复时间，避免没有在承诺的时间内给客户回复，而引发客户不满。

最后，在约定的时间内一定要回复客户，不管客户的问题是否得到解决，都要在约定的时间内回复客户，说明问题解决的进程，表明为解决客户的问题做了哪些努力等，并再次告知客户会持续跟踪，直到问题得到解决。真诚的态度更容易得到客户的尊重和理解。

（3）梳理客户的想法

在客户描述问题的过程中及时回应，一边倾听，一边梳理客户描述中的重点。在客户表述完后，与客户确认问题。例如，客服可以这样与客户确认问题："您看您的问题是……是吗？""您看我这样理解对吗？""您的意思是……对吗？"如果能够准确确认客户的问题，就能够快速赢得客户的信任。

（4）倾听过程中最好不要打断客户或抢话

多倾听、少打断。客服在工作熟练以后，往往会在客户还没描述完时就能够大致推断出客户的问题，这时如果客服表现出不耐烦的情绪，打断客户，就会让客户感到自己的沟通受到阻碍，甚至没有得到客服的尊重，而且容易出现客服并没有完全理解客户问题的情况。

（5）集中精力，及时与客户互动

让客户感受到客服在认真倾听最简单的方法就是及时给予回应，比如“好的”“明白了”“您接着讲”“我把您目前的问题记录下来”等。而不是当客户很清晰地表达自己的问题时，客服却说：“不好意思，您再描述一下可以吗？”如果多次出现这样的情况，客户就会怀疑客服并没有认真听，从而引起客户的不满甚至投诉。

（6）避免使用过于专业的术语

很多客户理解不了或听不懂专业术语，使用过于专业的术语会影响沟通效果。

二、客服有效提问

在客户服务中，有些提问的目的不是得到答案，而是为客户提供沟通的渠道。

1. 客服提问的基本知识

（1）客服提问的作用

1）利用提问明确需求

在与客户沟通中，如果客服一直在说，没有问，就无法知道客户的真实需求是什么。而且当客户没有完全听明白的时候，通常表现为沉默不语或者假装一知半解。如果不提问，就无法确认客户对沟通内容的理解程度。

2）利用提问掌控对话

通过提问了解客户的需求以后，就可以掌握沟通的主动权。客服通过提问，可以把问题缩小到某个范围以内，而且易于了解客户具体需求，提高解决问题的效率。

3）利用提问缓解客户情绪

客服以提问的形式对话，可以让客户感到被重视，其抵触情绪会减弱。

（2）客服提问的原则

客服通过提问，可以尽快找到客户想要的答案，了解客户的真正需求和想法。另外，客服通过提问还可以厘清自己的思路，这对于客服至关重要。为了能使提问有效地促进交易，客服在提问时要遵循以下几个原则。

第一，客观性原则。客服提问的主要目的是了解客户的真实想法，而不是诱使客户作出某种决定，或强迫客户接受客服的想法。

第二，阶段性原则。向客户提问时应把问题分布在不同的时间上，避免连续提问，连续提问会使客户对客服产生反感。

第三，鼓励性原则。客服提问时应鼓励客户作出较深入、较详尽的回答，应尽量问开放式问题。如果客服的问题只有“是”或“否”这样简单的答案，这种提问就不合适，因为通过“是”和“否”了解不到更多的信息。

第四，明确性原则。客服所提问题要简单明了，容易被客户理解和回答。应避免提出过于复杂或过于冗长的问题。

客服在向客户提问的过程中应注意以上原则，并做到灵活运用。

2. 客服提问的技巧

掌握有效提问的技巧是客服与客户有效沟通的关键。

（1）针对性问题

针对性问题的作用是能让客服获得细节，当不知道客户的答案是什么的时候才使用，通过提出有针对性的问题，就这些问题进行了解。

例如：

客户：开机的时候，手机坏了。

客服：您好。您今天开机的时候，手机屏幕是什么样的？

（2）选择性问题

选择性问题是封闭式问题的一种，客户只能回答“是”或者“不是”。这种提问用来澄清事实和发现问题，主要目的是澄清事实。

例如：

客服：有电话打进时，能接起吗？

客户：能/不能。

（3）了解性问题

了解性问题是用来了解客户资讯的提问。了解性问题对客服很有用，可是有的客户比较反感这类问题，不愿意回答或懒得回答。因此，在提出了解性问题的时候，一定要说明原因。

例如：

客服：为了便于我们给您提供更满意的服务，请问您之前使用是否正常？

（4）澄清性问题

澄清性问题是用来了解客户所说的问题是什么。客户有时会夸大其词，比如反映某产品质量特别差，根本不能用。这时客服首先要提澄清性问题，了解客户所说的质量差，到底差到什么程度，可以问：“您说的质量很差，是什么样子，您能详细地描述一下吗？”

（5）征询性问题

征询性问题是告知客户问题的初步解决方案。例如：“您看……？”当客服告知客户一个初步解决方案后，要让客户做决定。比如，客户抱怨产品有质量问题，听完他的陈述，客服就需要提供一个解决方案：“您方便的话，可以把商品寄回，我帮您换货，您看这样可以吗？”

（6）开放式问题

开放式问题是用来引导客户讲述事实的提问。比如：“您能说说当时的具体情况吗？”开放式问题既能获得客户的信息，也能引发客户对特定问题的思考。

例如：

客服：您对我们有什么建议？

客服：您遇上了什么麻烦？

客服：您对产品有什么看法？

客服：您觉得这种产品的什么优势最吸引您？

（7）关闭式问题

关闭式问题就是对客户的问题做一个重点的复述，是用来结束当前某个提问的。比如，当客户描述完问题以后，客服：“您的意思是想重新更换产品，是这样吗？”

（8）结束式问题

一般来说，在客户服务结束时使用结束式问题，是为了达到超出客户期待的服务效果。比如：“您看还有什么需要我为您做的吗？”

好的客服是问出来的。问对问题，往往能让客服快速理解客户的需求，实现有针对性的服务。

三、客服有效表达

因为客服是与客户直接沟通的，同时又是客户意见的收集者。所以，客服在沟通过程中一定要表达清晰，将信息准确地传递给客户。

1. 客服表达的基本知识

客服与客户的沟通一般通过网络或电话，表达的内容和方式不一样，会使客户产生不同的感觉，进而影响客户关系。作为客服，面对的是不同的客户，个性、心境、期望值各不相同。那么就要求客服既要有个性化的表达沟通方式，又必须掌握共性的表达方式与技巧。

（1）使用标准语言表达

不要使用方言中的习惯用语，如“一塌糊涂”“老好的啦”。

客服的服务用语可以由店铺统一规范，客服对表达规范要熟练掌握和娴熟运用，以使客户获得较佳体验并展示企业形象。

（2）选择尊敬的用词和方式

在保持热情的服务态度时，表达用语也应当尽量体现对客户的尊重，比如，在客户长时间等待后不要说“很抱歉让您久等了”，因为“抱歉久等”实际上强化了客户“久等”这个感觉，更加尊敬的表达是“非常感谢您的耐心等待”。

（3）善用“我”代替“你”

在表达中常常用“你”容易激发客户的防御状态，客服在表达中应尽量避免让客户产生抵触情绪。如“你没有弄明白，应该是这样的”，可以换一种表达方式，“也许我说得不够清楚，请允许我再解释一遍”。

2. 客服推销产品技巧

（1）回复咨询时主动营销

客服在与客户沟通过程中，会遇到各种类型的客户。当遇到一些漫无目的或者购买需求不是很强烈的客户时，客服就要充分分析并定位客户的需求，通过专业、认真、热情的服务来打动客户，主动推荐符合客户需求的商品。

例如：

客户：这两双鞋子哪一款更好，您能给我一些建议吗？

客服：好的。这两双鞋从款式上来讲都不错呢，但是从材质上来讲，我推荐您选择下面这款。

客户：为什么呢？

客服：一是上面的那款材质是牛皮的，皮质较硬实，时间久了没有下面这款羊皮的穿上舒服；二是从销量上来看，下面的这款销量更好。所以，我推荐您选择下面这一款。

客户：感谢你的建议，我现在就去拍了。

（2）缺货时主动营销

遇到商家出现缺货情况，客服可以主动向客户介绍其他替代品，并可以通过打折、赠送小礼品等方式，来留住潜在客户。

例如：

客户：请问这款鞋子黑色的还有货吗？

客服：您好，这款鞋子黑色的没有现货了，棕色的还有货哦！

客户：可我还是想买黑色的。

客服：棕色鞋子看起来更年轻，颜色更洋气，比黑色的鞋子更好搭配服装，我建议您可以考虑一下哦！

客户：那如果收到不喜欢怎么办？

客服：这个您请放心，我们网店支持7天无理由退换货，我建议您收到货后先试下效果，看看是否喜欢，您说呢？

客户：既然你都这么说了，那我就买下来试试看。

客服：好的，我相信您一定会满意的。

（3）主动关联销售

为了提高网店的访问量，提升客单价，客服在提供服务的过程中要注意搭配销售，商品的关联性越强，组合得越合理，就越能激起客户关联购买的欲望。

例如：

客服：您选择购买的登山包是我们店的镇店之宝，您的眼光太好了！最近是否有登山的计划呢？

客户：是的。

客服：那我给您推荐一款防雨罩，山间雨水多，可以给您的登山包防雨，这是宝贝链接，您看一下。

客户：好的，这个我也拍下。

四、客服与客户沟通的规范话术

客服是商家和客户之间的沟通桥梁，要想与客户沟通顺畅，需要掌握一定的规范话术。

1. 售前客服话术

（1）打招呼——热情大方、回复迅速

当客户询问在不在的时候，可以回答："在的，正等您呢！很高兴为您服务！"要在客户咨询的第一时间，迅速回复客户，因为客户买东西都会货比三家，可能同时和好几家联系，这时候越快回复就越占先机。

话术：

您好，欢迎光临 ×× 旗舰店，很高兴为您服务，请问有什么可以帮您的吗？我也可以帮您介绍一下本店热销和性价比比较高的产品哦。

我是客服 ××，竭诚为您服务，您的满意是对我最大的鼓励！

您好，我是客服 ××，有什么能帮您的吗？

您好！我是 ×× 客服，很高兴为您服务，有什么可以帮您的？

欢迎在百忙中光顾我们的店铺，羽绒服现在正在上新，您看中哪款啦？

（2）回复询问——细致缜密

当客户询问店里的商品时，如果有货，就跟客户介绍这个商品的优点等。如果无货，不要直接回复没有，可以这样回答："真是不好意思，这款卖完了，有刚到的其他新款，给您看一下吧。"

话术：

我们店的羽绒服的质量与手工都是很好的，是实拍图，请放心购买哦！

我们店的羽绒服都是正品，质量没有问题，而且我们的羽绒服都有防伪码，您尽可以放心购买！

这款是我们店铺的畅销热卖款，受到好多客户的认可和喜爱，您要什么颜色和尺码呢？

能拍下就是有货，选择不了才是没有货，您要的这款有货哦。您可以看一下，有什么不明白的可以问我。

（3）推荐——专业准确

专业准确地推荐商品，让客户感受到客服是在用心为他挑选合适的商品，而不是单纯为了商业利益。

话术:

这款是我们店铺的热卖人气款，您要的这个尺码前段时间断货，最近刚刚到货，您真的很有眼光哦！

您的眼光真不错，我个人也非常喜欢您挑选的这款呢！

您选购的这款可是我们店里的爆款商品，很多人都来咨询，实物比照片看起来更好看呢！

我们这款羽绒服很受欢迎呢，白色的拍完了哦，不过我们还有黑色、紫色、蓝色的，您比较喜欢哪一种呢？

方便告诉我一下您的身高、体重吗？我为您看一下什么尺码比较合适。

（4）议价——以退为进、促成交易

如果客户在沟通过程中议价，可以通过赠送小礼品、优惠券等方式，满足客户讨价还价的成就感。注意，不要一次发一大段话，以免客户久候失去耐心。可以分多段发出去，不让客户等太久。

如果客户认为价格太贵，可以委婉地告诉客户物有所值，一分价钱一分货，不仅要看商品，还要看品质、品牌、售后等。

话术:

您好，我能做主的最大优惠就是满 200 元包邮哦，谢谢您的理解。

这真的让我很为难，我请示一下组长，看能不能给您一些折扣，不过估计有点难，请您稍等。

非常抱歉，您说的折扣很难申请到，不过可以送您个小礼物。

我们是正规厂家生产，在商场和专卖店等都有销售，品质有保证。价格已经调到最低了，恳请谅解，谢谢哦。

（5）核实　　认真负责

客户付款后，客服要在客户下线前把订单中的客户信息发给客户确认。这样做既能避免出现快递地址错误等问题，也能给客户留下客服认真负责的印象。

话术:

我看到您付款成功啦，这是收件人的姓名和地址，没问题吧？

麻烦确认一下订单信息是否正确，如果信息无误，就能安排给您发货了哟！

您好，已经看到您的订单了！请确认下收货地址、联系方式，本店默认发 ×× 快递，您那边可以收到吗？

（6）道别——大方、客气

如果客户交易成功，客服应该简单大方地结束话题，同时要讲究效率。即使没有成交，也要客气地回复。

话术:

非常遗憾目前没有让您满意的宝贝，本店每周上新，到时有感兴趣的随时找我哦！

祝您生活愉快！

感谢您购买我们的商品，合作愉快，欢迎下次光临。

谢谢您的惠顾，请您等待收货，合作愉快，就不打扰您了。

（7）跟进——及时沟通

当客服看到商品被拍下但是还没有付款时，要及时跟进，了解客户下单未付款的原因，有技巧、有针对性地催单。

话术：

在下午三点之前拍下付款，快递小哥当天就能来拿货，您的包裹将以最快的速度到您的家里。

您拍下的这款商品今天正在搞促销，赶紧拿下吧！错过今天就要恢复原价了。

您还有什么疑问吗？说出来我会帮您解决的哦，拍下付款后我尽快给您安排发货哈！

今天是优惠价的截止日期，请您把握良机，明天就没有这种折扣价了哦！

拍下宝贝后请及时付款哦，越早付款越早发货哦！付款后请跟我说一下，我再次跟您核对一下信息，谢谢！

2. 售中客服话术

（1）支付

客户付款以后客服要及时跟进。

话术：

已经为您改好价格了，一共是 ×× 元，您方便时付款就行，感谢您购买我们的商品。

已经看到您支付成功了，我们会及时为您发货，感谢您购买我们的商品，有需要请随时招呼我。

您好，在吗？您刚拍了我们的宝贝，请仔细确认宝贝的颜色和尺寸，详细填写收货人、收货地址、联系方式等资料哦。有空时与我联系哦，很乐意为您服务，谢谢！

（2）物流

大多数客户购买商品的时候比较关注快递时间，客服要作出详细解答。

话术：

江浙沪一般 1～2 天，如快递公司不耽误，发货的第二天就可以收到。江浙沪以外的一般 3～5 天，偏远地区一般 5～7 天。

由于各地的快递公司服务质量参差不齐，我们不能完全保证他们的送货服务质量，不过我们会尽量配合查询工作，谢谢！

3. 售后客服话术

（1）发货后

立刻告知客户已经发货，客户心中会踏实一些。可以通过阿里旺旺或短信，最好是站内信告知客户，尤其是在客户较多的情况下。

话术：

亲爱的××（可以是买家ID），我是××号客服。感谢您购买我们的商品，您的商品我们已经发货。如您在收到商品后不喜欢或不满意，我们会无条件为您退换商品。如有其他售后服务问题，请您一定记得与我们联系，您可以通过阿里旺旺，或者直接拨打电话：××××××××××××，我会立刻为您服务，直到您满意为止。

您好！快递已发出。××快递公司，单号：××××，将于×月×日到货，请您在验货后签收！如在收货、验货过程中有任何疑问，请及时联系我！

您好！感谢您选购了本店的羽绒服！您于×月×日订购的价格为××元的羽绒服，今天已经为您安排发货了，预计会在×天早上（或下午）送达您的手中，请您注意查收，单号是××××××。

（2）快递即将到达时

当快递将要送达客户手中时，客服应及时提醒，让客户感受到无微不至的贴心服务。如果没有正常送达的话，可以帮客户查询物流情况，并做好解释。即便有时会出现延误，及时地沟通和诚恳的态度，也会得到大多数客户的谅解。

话术：

您好！您收货时，请当着快递员的面拆包验货，检查快递外包装及封条是否完整，请当场验货确认无误后再签收。

非常感谢您的耐心等待，您拍下的宝贝付款后的次日就发出了，发的是××快递，单号是××××××，我这就给您电话联系一下快递客服哦，给您添麻烦了。

（3）签收后

在客户签收后，客服要及时回访跟踪信息，询问客户的感受。对客户提出的意见做好解释和处理，并合理采纳客户提出的建议，在以后的工作中作出改进。

话术：

收到货后有什么问题请及时与我们联系，我们的售后也是很棒的哦！

欢迎再次光临本店，祝生活愉快，谢谢！

感谢您的惠顾，敬请收藏本店，稍后会有更多精彩的宝贝上架，方便您查看哦！

（4）收到好评后

在收到好评后，要及时回复客户，感谢客户给予的肯定和支持，这种正向的互动会让客服与客户的关系更紧密。

话术：

感谢您的支持，您的满意是我们最大的动力，欢迎再次光临！

感谢您对我们的认可，感谢生命中美好的相遇，今后我们将更加热情、更加专业地为您服务，也希望您继续惠顾哦。

感谢您的鼓励，期待再次合作哦。请相信我们一直在努力，如果有失误，我们定当负责并努力让您满意。祝您生活愉快，越来越美丽！

（5）收到中差评后

在收到中差评后，要耐心地和客户解释，争取得到客户的谅解。

话术：

产品问题：感谢您的建议，我们的产品都是工厂直接发货的，我们一定把您的建议转达给他们！

物流问题：感谢您的建议，我们和物流公司只是合作关系，订单量大了有时难免会出现此类问题，我们会尽最大努力与物流公司做好沟通。

商品描述问题：感谢您的建议，我们会把您的意见转达给美工和摄影师，尽量做到最专业、最真实的商品描述。

客服问题：感谢您的建议，您还记得当时跟您聊天的客服吗？这样，我等下就去调聊天记录，查到是谁负责接待您的，我们会对其作出相应的处理。

交易是一个循序渐进的过程，需要客服能够在售前、售中、售后各个环节环环紧扣，重要的是不要轻言放弃，以诚相待，很多客户都会被打动的。

工作实践

实训 1：接待客户

步骤一：进门问好。

客服可以通过致欢迎语、介绍优惠活动、介绍商品等方式向客户问好，如图 2–8 所示。

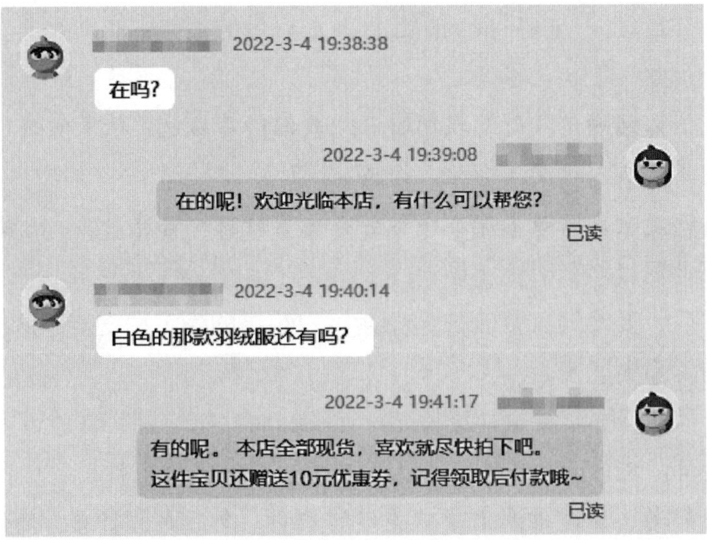

图 2–8 进门问好

步骤二：挖掘需求。

并非所有客户都是潜在或意向客户，只有当彼此供需相匹配时，客服才有机会拿下订单。因此，客服在挖掘客户需求时，可以从询问和判断两方面入手，如图 2–9 所示。

根据客户需要将店铺出售的商品通过独特的方式推送给客户的过程，既是客服工作的重点，也是客服工作能力的具体表现。

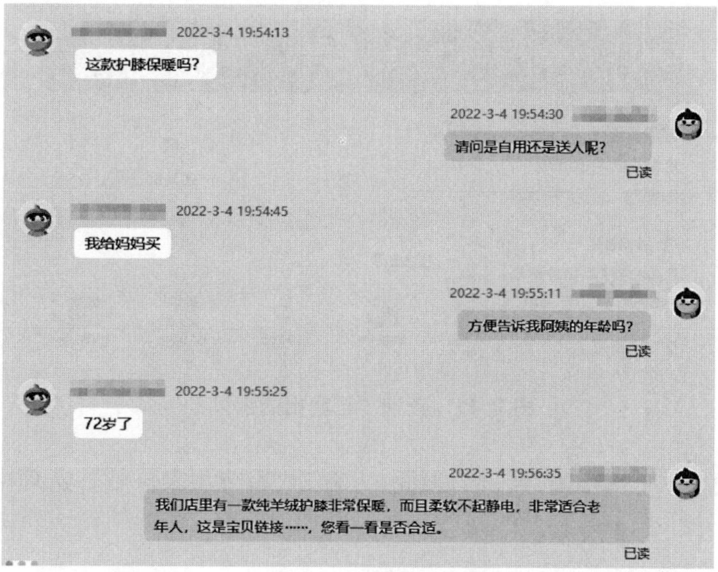

图 2–9　挖掘需求

步骤三：促成订单。

客服要站在客户的角度思考问题，阐述商品的优势，明确客户的利益，如图 2–10 所示。

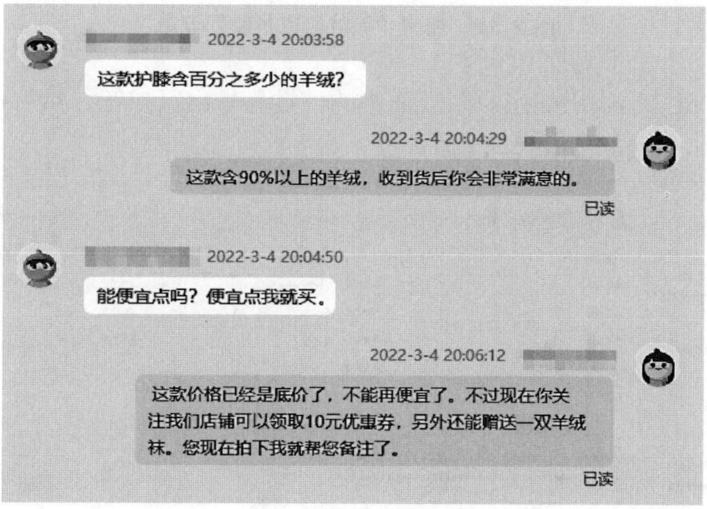

图 2–10　促成订单

实训 2：未付款订单查询

在进行催付前，客服首先要知道怎样查看“等待买家付款”的订单，最常用的方法是通过千牛卖家工作台进行查看。

步骤一：登录千牛卖家工作台，在左侧列表中点击“交易管理”模块中的“已卖出的宝贝”，如图 2-11 所示。

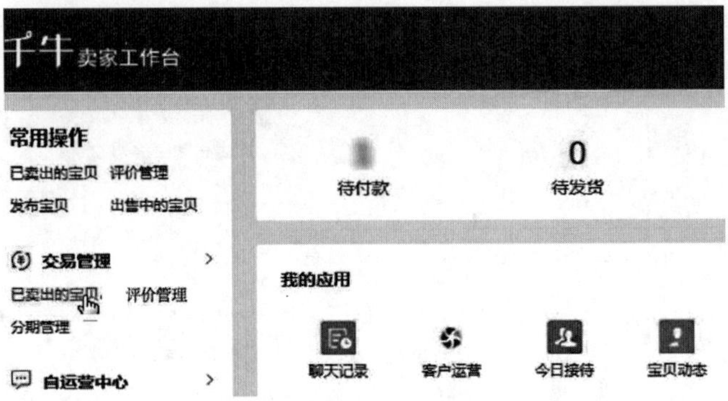

图 2-11　查询“已卖出的宝贝”

步骤二：打开“已卖出的宝贝”页面，点击“等待买家付款”选项卡，显示所有未付款的订单，如图 2-12 所示。

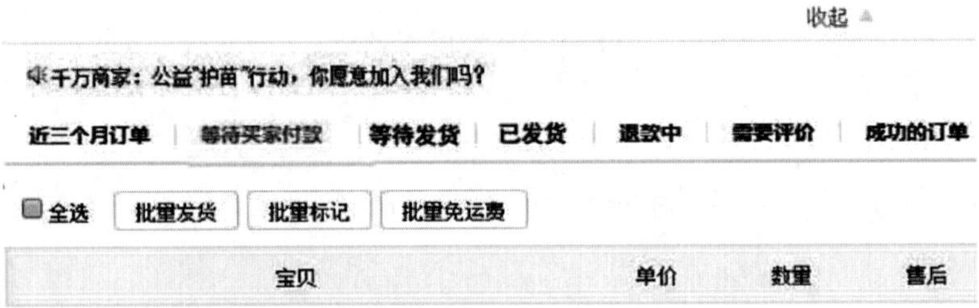

图 2-12　查询“等待买家付款”订单

步骤三：点击“已卖出的宝贝”页面中的“批量导出”按钮，然后在展开的列表中点击“生成报表”按钮，如图 2-13 所示。

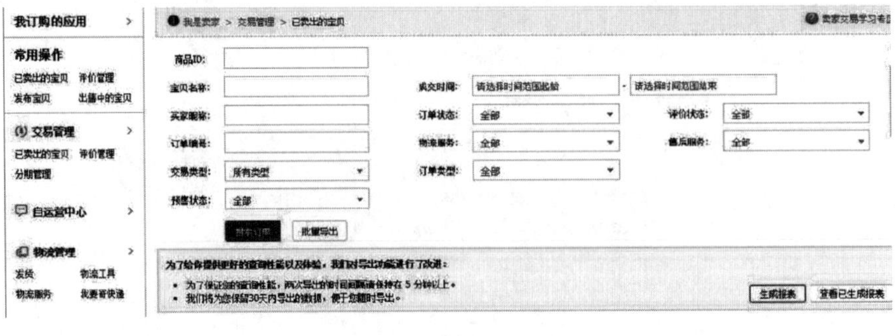

图 2-13　生成报表

步骤四：下载报表，即可在Excel文档中查看客户的会员名、客户应付货款、订单时间、订单状态、联系电话等详细信息。

学习评价

根据本单元的学习情况，按知识、技能、素养三个指标进行评价。

评价类别	评价内容	配分
知识	客服有效倾听	10分
	客服有效提问	10分
	客服有效表达	10分
技能	接待客户	20分
	未付款订单查询	20分
素养	耐心倾听客户需求、礼貌地与客户沟通	10分
	良好的服务意识、规范意识、自我情绪管理意识	10分
	严谨、细致的工作态度和敬业精神	10分
合计		100分

模块三　客户服务实务

学习单元一　售前工作

学习目标

知识目标

1. 掌握咨询答疑内容的类型。
2. 掌握商品推荐策略。
3. 掌握商品关联组合方式。
4. 掌握关联销售的意义。
5. 掌握未付款订单的原因和催付禁忌。

技能目标

1. 能熟练使用咨询答疑工具。
2. 能熟练使用催付技巧。
3. 能通过千牛卖家工作台修改订单价格。
4. 能通过千牛卖家工作台关联商品。
5. 能通过千牛卖家工作台给客户添加标签。
6. 能通过千牛卖家工作台设置催付功能。

素养目标

1. 具有耐心倾听客户需求、礼貌地与客户沟通的职业素养。

2. 具有良好的文字组织能力。

3. 具有良好的服务意识、规范意识、自我情绪管理意识。

4. 具有严谨、细致的工作态度和敬业精神。

导 语

芳芳在一家网店做售前客服多年，由于她出色的工作表现和不错的销售业绩，店长将网店中的所有客服召集在一起，让大家一起来学习芳芳的工作经验。

芳芳说："电商客服看似是一个很简单的工作，但要想做好是需要花费一定时间和精力的，尤其是电商客服主要是通过文字交流来完成工作，想要提高客单转化率，需要充分发挥语言文字的作用。"

思考：

1. 网店售前客服有哪些工作？

2. 如何做好售前客户服务？

相关知识

一、咨询答疑

售前客服负责客户下单付款前的咨询服务，主要的工作内容是解答客户关于商品、物流、服务等方面的问题。售前客服需要与客户进行有效交流，准确回复客户提出的问题，提升客户满意度。客服答疑的内容主要有以下几类。

1. 商品

客户在网购时，因为不能直接接触实物，无法分辨商品质量好坏，只能查看商家在商品详情页中的相关说明和其他客户的评论，如果商品详情页没有表述清楚或没有涉及客户的关注点，客户就会咨询在线客服。

例如：

客户：你家的鞋子为什么这么便宜，质量怎么样，和以前是一样的吗？

客服：此次活动完全是亏本赚人气，回馈广大新老朋友的。我们每一批货都是从同一个厂家进的，质量都是严格把关，和以前的正价商品一模一样，所以您完全不必担心鞋子质量问题哦。

2. 价格

因为价格因素导致的客户流失不在少数。客服遇到议价问题，应尽量不正面与客户进行价格讨论，而应将话题引入商品本身，向客户介绍商品的优势，让客户衡量。可以采用以下三种方法。

（1）对比法

对比的作用就是用他方的劣势反衬己方的优势，客服可应用这种方法表达商品价格的合理性，使目标客户不至于因为价格因素而放弃购买。

例如：

客户：这件衣服是什么材质的，为什么这么贵？

客服：您的眼光真好，您看上的这件衣服，是100%纯山羊绒的。

客户：能优惠点吗？

客服：我们今天有活动，有100元的新品补贴券。

客户：补贴以后还要200多元呢。

客服：山羊绒又称软黄金，通常是按克来计价的。现在相当于用羊毛衫的价格买到羊绒衫。

客户：嗯，羊绒衫的确是要比羊毛衫穿起来舒服，贵就贵点吧，我现在去下单。

（2）平均法

客户反映商品价格太高的时候，可以将商品价格平均到每月、每周、每天，以说明价格并不高。这是非常有效的方法，尤其适用于高档品牌。

例如：

客户：其他同类产品都不到1 000元，这款要卖到1 500元，有点贵啊。

客服：您说的一点也不错，1 500元的确是一笔不小的数目，但是这款宝贝的使用期限是非常长的。一般情况下，用10年是没有问题的，就假定它能用8年吧，一年平均不到200元，每天平均不到1元，这样算下来，还是很划算的哦。

（3）诚实法

坦诚地告诉客户一分钱一分货，商品品质和价格成正比。

例如：

客户：这套衣服太贵了，能不能便宜点？

客服：一分钱一分货哟，我们的衣服是世界知名品牌，而且是今年的最新款，这个价钱是非常值的。

3. 支付与退款

客户在付款时，会遇到一些特殊情况，例如余额不足，可以建议客户充值或者找朋友代付；支付页面打不开，可以建议客户尝试更换浏览器。

例如：

客户：密码忘记了现在付不了款，手机验证码也收不到，我晚点付款可以吗？

客服：支付宝密码忘记了可以通过淘宝客服找回来哦，稍等，我帮您找下淘宝客服电话。

4. 发货

发货是指客户付款后客服的发货处理。客服需要了解每一家物流公司的特点，比如哪家服务好、送达时效性强，但是价格高；哪家网点多、性价比高等。客服在了解每家物流公司的特点后，选择符合客户需求的物流公司进行合作。在发货时，客服需要谨慎承诺商品的发货时间，尤其是在活动期间，要保证发货时间和平台规则保持一致。

例如：

客户：我现在拍什么时候能发货？

客服：今天下午 5 点前下单并付款，我们都是当天发货哦。

二、商品推荐

客服在与客户的沟通中，还要根据客户的购买清单，进一步推荐与客户所购买商品相关联的其他商品，帮助客户完成商品的搭配，促进成交，提高服务效率和客单价。

例如：

客户小李在网上一家护肤品店铺购买了一套护肤套装，随后客服小张问了小李的肤质、平时用的护肤品、现在皮肤存在的问题等，根据情况推荐了一款商品，并详细地给小李讲解皮肤的构造以及不同护肤品的功效等。小李觉得小张特别专业，随即购买了一款小张推荐的商品。

1. 商品推荐策略

商品推荐的本质是在交易双方互惠互利的基础上，商家将店铺中与客户所购买商品具有关联性的商品销售给客户，以实现销量和客单价的提升。

当客户进行商品咨询时，客服在解答该商品问题的同时，可以顺势推荐其他商品。客服做商品推荐要掌握以下方法。

（1）了解商品

要想给客户做推荐，首先要熟悉每一款商品的特点、卖点，这样才能有的放矢地向客户介绍。

（2）学会询问

客服需要询问客户的相关资料和情况，包括客户喜好、需求等。这些都是判断客户适合哪一款商品的参考因素。

（3）学会礼貌推荐，懂得换位思考

客服在做商品推荐时需要保持礼貌，这样会让客户更容易接受其建议。

2. 商品关联组合方式

关联销售是一种建立在双方互惠互利基础上的营销，在交叉营销的基础上，寻找所要营销商品的关联性，来实现深层次的多面引导。做好关联销售可以提升客单价、提升转化率、降低推广成本等。常见的商品关联组合方式如图 3–1 所示。

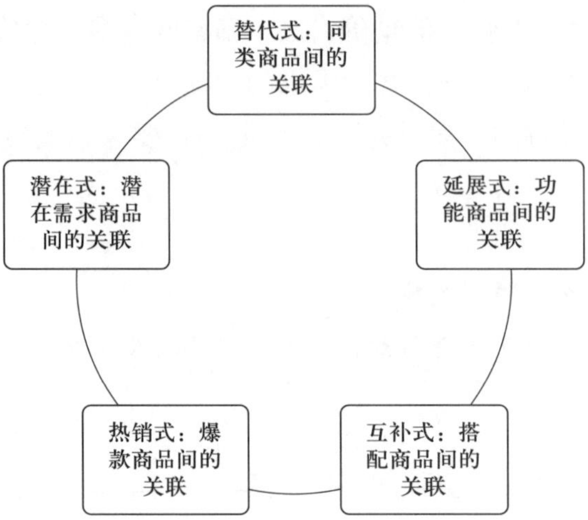

图 3–1 常见的商品关联组合方式

（1）替代式关联

替代式关联是指主推商品和关联商品可以完全替代，是同类商品间的关联。如图 3–2 所示，左边是主推商品，右边是关联商品，两款商品款式基本相同。

图 3–2 替代式关联

（2）延展式关联

延展式关联是指把商品及其衍生品放在一起，通过一系列商品的展示，吸引客户的注意。如图 3–3 所示，儿童安全座椅和婴儿推车属于延展式关联。

图 3-3　延展式关联

（3）互补式关联

互补式关联强调搭配的商品和主推商品有直接的互补性。客户在购买主推商品的同时很有可能购买互补商品。如主推商品是女装，那么互补商品可以是包、鞋等商品，如图 3-4 所示。

图 3-4　互补式关联

（4）热销式关联

热销式关联是将销量较高的商品进行关联，从热卖程度入手，不拘泥于商品本身的关联度。

（5）潜在式关联

潜在式关联强调潜在互补关系。这种关联商品方式比较适合于多类目店铺。如主推商品是收纳盒，那么潜在关联的商品可以是其他家居生活用品。从表面上看，两种商品没有什么联系，但实际上，买收纳盒的客户可能是刚搬家，需要购买其他家居生活用品。

3. 关联销售的意义

（1）提高客单价

客户的购买行为有一定的偶然性，客户搜索商品进店，看到关联商品后，很可能会一起下单，从而提高客单价。

（2）提高流量的利用率

关联销售可以提高流量的利用率，特别是对于商品单价比较高、点击转化率低的店铺，客服一定要充分利用进入店铺的每一个流量，用更多优质的商品吸引客户提升其购买欲。

（3）提升店铺的转化率

通过关联销售，可以把更多的优质商品推荐给客户，增加关联商品的展示和成交机会，提升店铺的转化率。

（4）增加商品的曝光率

通过对引流款和爆款做好优化和关联营销，将店铺更多的商品展示给客户，增加曝光率，引导客户继续点击，增加停留时间，降低店铺的跳失率。

三、未付款订单催付

客服常常会遇到客户拍下商品却不付款的情况。当客户下单没有付款的那一刻，客服就应该主动联系，不能给客户过长的犹豫时间，以免出现变数。客服主动催付不仅能提高商品转化率，还能增加商品销量。未付款订单的催付流程如图 3–5 所示。

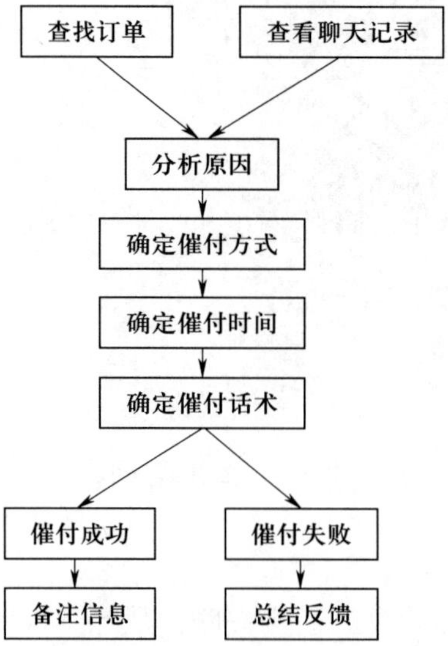

图 3–5　未付款订单的催付流程

1. 找到未付款订单并分析原因

查找未付款的订单操作步骤如下。

步骤一：点击“交易管理”—“已卖出的宝贝”，如图 3-6 所示。

图 3-6 点击“已卖出的宝贝”

步骤二：点击“等待买家付款”，如图 3-7 所示。

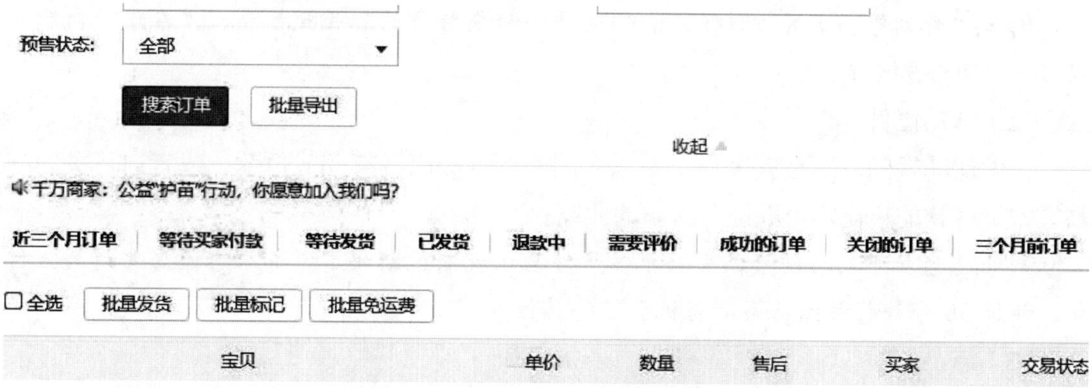

图 3-7 点击“等待买家付款”

当客服查找到未付款订单后，需要分析客户是出于什么原因而迟迟没有付款，再进行相应处理；如果盲目地催客户付款，效果会适得其反。客户未付款的原因和相应的处理办法见表 3-1。

表 3-1　　未付款订单原因及处理办法

类型	未付款订单原因	处理办法
主观原因	价格不合适或是发现有更便宜的	下单 60 分钟内催付，此时客户还在犹豫中，催付的内容主要是下单成功付款后马上发货
	对商品不满意，后悔下单	
	没决定要买，只是拍下做对比用	
	重复拍，拍错颜色或数量	如果客户有类似商品订单已支付，就不要再催付，以防客户反感
	对客服服务不满意	加强客服培训，尽量满足客户的需求，如果实在做不到，应和客户解释清楚，取得其谅解
	对物流服务不满意，不能自主选择快递公司	
客观原因	对支付操作不熟悉	客服要积极主动地询问原因，耐心引导客户一步一步地完成支付操作
	支付宝或网银没钱	客服需要了解客户方便充值时间，并再次催付
	忘记支付密码	客服需要帮助客户找回支付密码，最终完成付款操作

2. 催付技巧

为了顺利完成交易，提高店铺销量，客服需要采取一定的方法进行催付。在催付过程中，客服需要把握好不同场景催付的话术和语气。

（1）日常催付

日常催付时要有诚意，不能给客户造成压迫感。

例如：“看到您拍下的订单了，我们这边会为您留货的，并且打包好，在您付款后可以第一时间给您发货。”

（2）活动催付

在做活动期间，总会有客户下单以后因为各种原因没有完成付款，或者自行关闭交易。做好付款的转化率可以提升活动的业绩。

例如：“您拍下的活动产品库存不多了，马上就断色断码了，如果您还需要请马上付款，超过 30 分钟将关闭交易，将机会留给其他人。”

（3）新品催付

在上新品后，很多客户会在第一时间拍下，但是不付款，或者是拍下多个，最后只付款一个，这时就考验客服的催付技巧了。

例如：“您拍下的商品是我们这次的新品哦，数量不多，现在付款可以当天发货，不然库存卖完了要等下一批的生产哦，而且我们新品还有小礼品赠送呢，新品已经打包完毕了，等着您付款后就能马上发出，很快来到您身边。”

客服要把握好每一个环节，不要让订单停留在未付款状态上。通过主动联系既让客户感受到客服的热情，也能拉近彼此间的距离，从而促成订单，增加销量。

3. 催付禁忌

在催付的过程中，客服要特别注意两点禁忌。

（1）时间

客服需要了解合理的催付时间，不要在客户休息或忙的时候催付，节假日还需延后。比如客服早上查看订单时发现客户凌晨 1：00 拍下了一件商品，如果早上 8：00 打电话催付，客户很可能还在睡觉，会让客户反感。催付的时间可参见表 3–2。

表 3–2　催付时间

下单时间	催付时间
上午单	当日 12 点以前
下午单	当日 17 点以前
傍晚单	当日 20 点以前
半夜单	次日 10 点以后

（2）频率

催付需要把握好分寸，催付频率不可过高，如果客户实在不想购买，就不要再催付了，给客户留下好印象。

工作实践

实训 1：修改订单价格

步骤一：登录千牛卖家工作台，点击“交易管理”—“已卖出的宝贝”—“等待买家付款”，找到需要修改价格的订单，如图 3–8 所示。

图 3–8　找到需要修改价格的订单

步骤二：点击“修改价格”，输入涨价或折扣数值，点击确认。输入“–99”，即在原来价格的基础上减掉 99 元，最后的支付价格是 600 元，如图 3–9 所示。

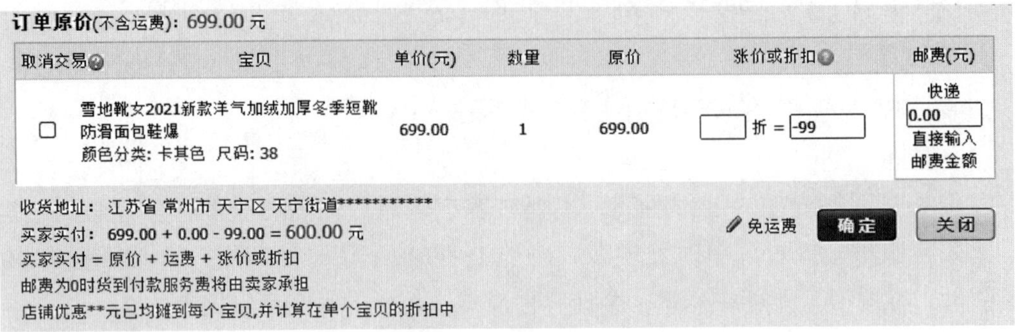

图 3–9 修改价格

步骤三：刷新页面。实收款价格已经更改过来，如图 3–10 所示。

图 3–10 完成改价

实训 2：关联商品

步骤一：登录千牛卖家工作台，如图 3–11 所示。

图 3–11 千牛卖家工作台

步骤二：点击左侧“店铺”—“店铺装修”，如图 3-12 所示。

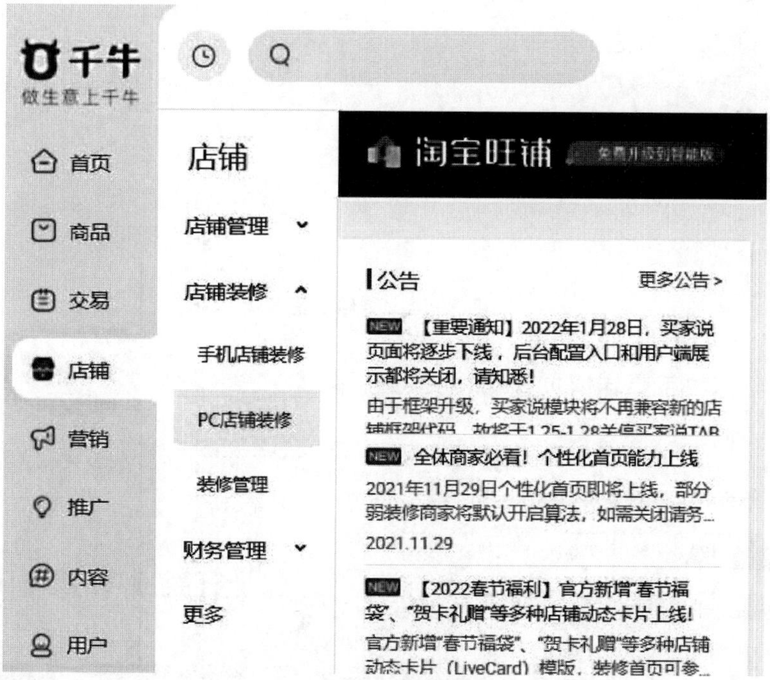

图 3-12　店铺装修

步骤三：在“店铺装修”页面选择“PC 店铺装修”，如图 3-13 所示。

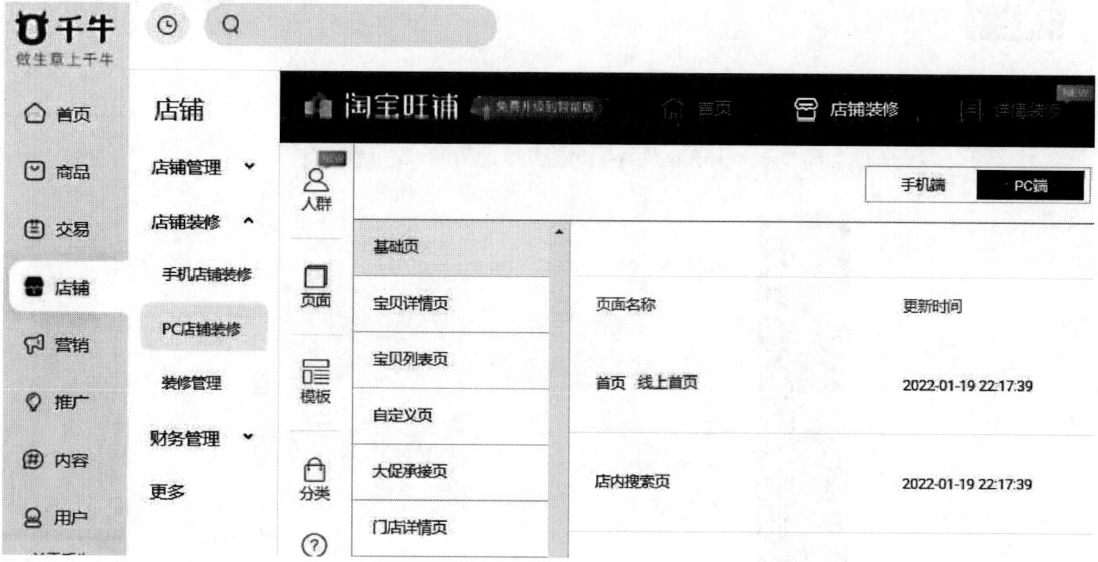

图 3-13　PC 店铺装修

步骤四：点击“宝贝详情页”—“装修页面”，如图 3-14 所示。

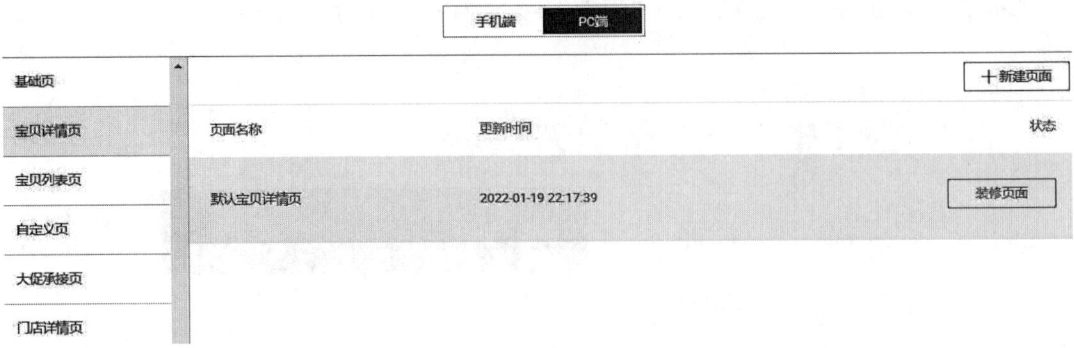

图 3-14　装修页面

步骤五：进入“宝贝详情页”，如图 3-15 所示。

图 3-15　宝贝详情页

步骤六：选择所需模块，并拖动至相应位置，如图 3-16 所示。

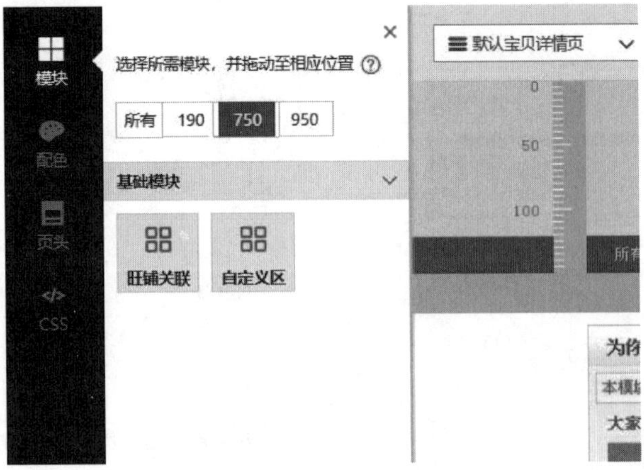

图 3-16　选择所需模块

步骤七：点击“旺铺关联”，如图 3–17 所示。

图 3–17　旺铺关联

步骤八：填写标题，选择推荐类型和排序方式，点击保存，如图 3–18 所示。

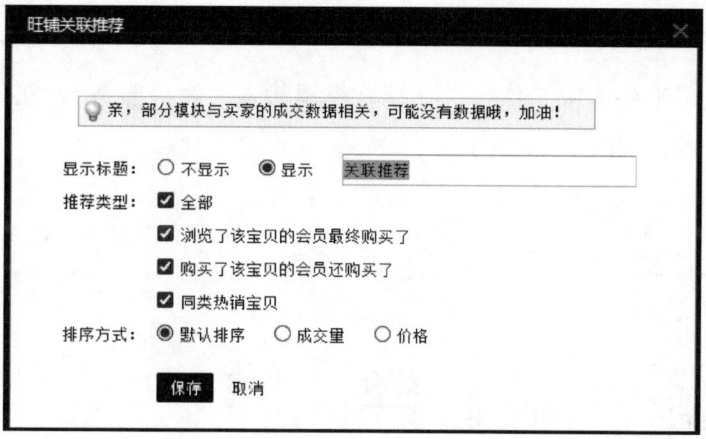

图 3–18　填写信息

步骤九：点击“发布站点”—“确认发布”，如图 3–19 所示。

图 3–19　确认发布

步骤十：发布成功，关联推荐设置完成，如图 3-20 所示。

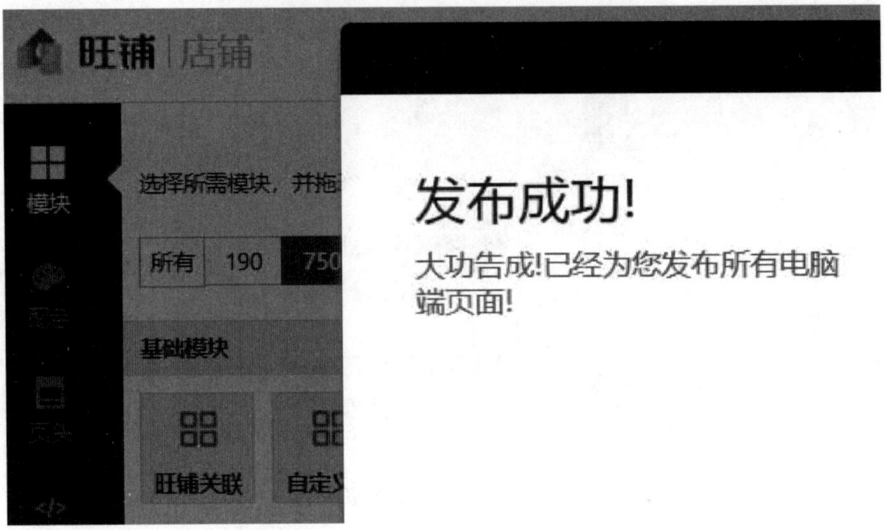

图 3-20 发布成功

实训 3：设置催付功能

步骤一：登录千牛卖家工作台，在搜索框里输入“客户服务”，在弹出框里选择并打开客户服务平台，如图 3-21 所示。

图 3-21 搜索“客户服务”

步骤二：在“自动化任务”的“售前阶段”中找到“自动催付”，点击下方的“立即开启”，如图 3-22 所示。

图 3-22 开启自动催付

步骤三：在基础催付设置中，可对如下几个选项进行设置，如图 3-23 所示。

开启自动催付。可选择对静默订单自动催付和对有过咨询行为的订单自动催付。

自动催付规则。可以设置对超过多长时间未付款的订单进行催付。

自动催付时间。可以选择催付的具体时间段。

设置提示信息。可以编辑发送给客户的催付信息内容。

催付失败转人工。可以选择如自动催付失败是否转人工处理。

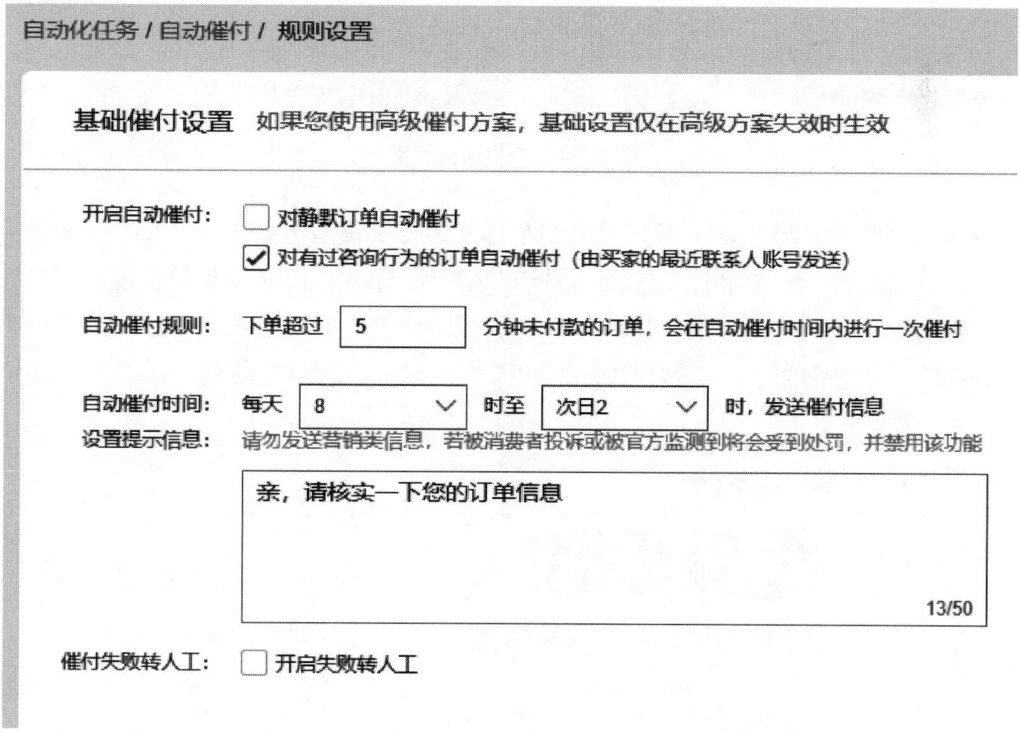

图 3-23 基础催付设置

实训 4：给客户添加标签

步骤一：在千牛聊天页面，点击“客户”面板，右下方是为客户添加标签的位置，如图 3–24 所示。

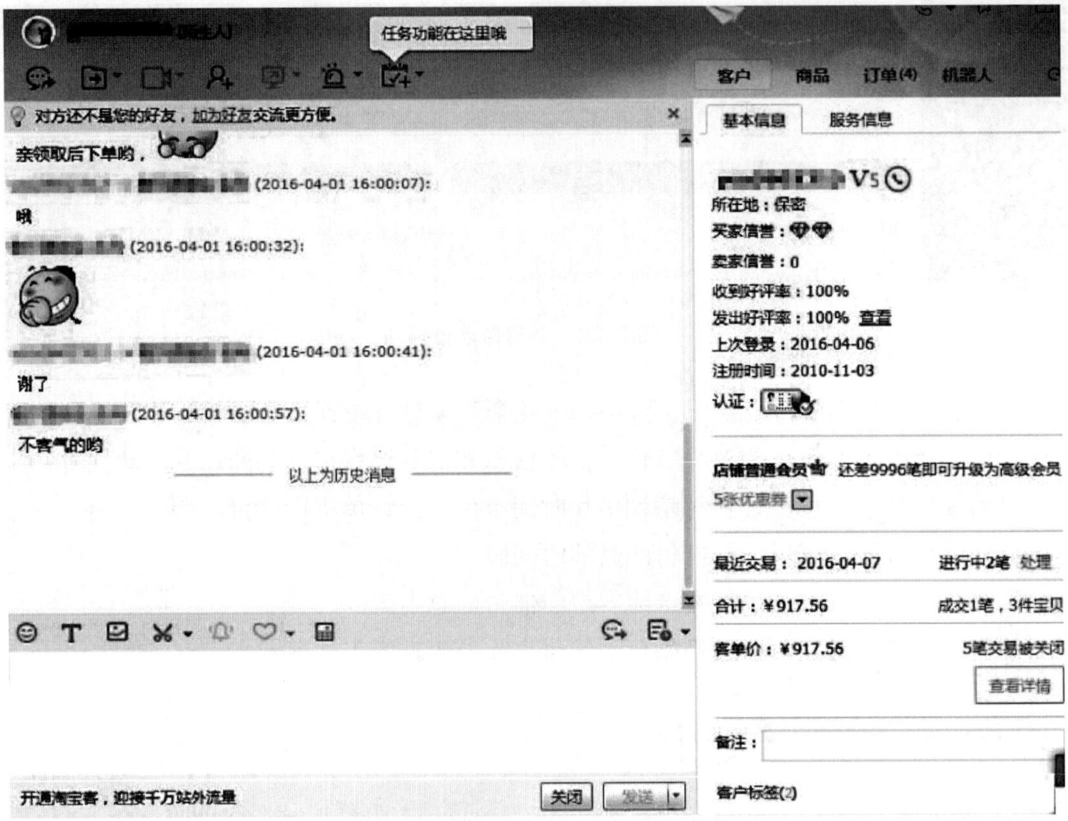

图 3–24　千牛聊天页面

步骤二：如图 3–25 所示，客户已有两个标签，分别是“活跃客户”和“普通会员”。会员标签分为两种，一种是自动标签，另一种是手动标签。自动标签是通过系统的筛选条件，自动给符合这些条件的客户添加标签。手动标签是客服在获取客户信息后给客户添加的标签。如果需要手动给客户添加新的标签，点击“添加”按钮。

图 3–25　已有客户标签

步骤三：客服在给客户添加标签时，可以从“已有标签”中添加，也可以从“创建新标签”中添加，如图 3–26 所示。

图 3–26　添加客户标签

步骤四：标签添加完成后，可以清晰地看到该客户是普通会员、活跃客户，之前买过的商品是自己用的，喜欢晒图（见图 3–27）。

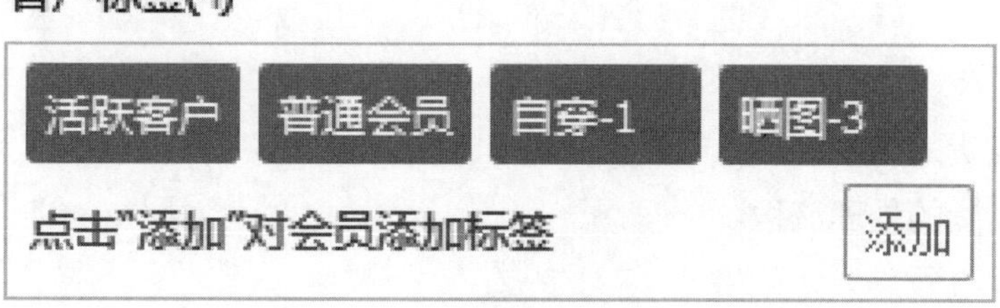

图 3–27　添加后的客户标签

学习评价

根据本单元的学习情况，按知识、技能、素养三个指标进行评价。

评价类别	评价内容	配分
知识	咨询答疑内容的类型	10 分
	商品推荐策略	4 分
	商品关联组合方式	6 分
	关联销售的意义	4 分
	未付款订单的原因和催付禁忌	6 分
技能	使用咨询答疑工具	10 分
	使用催付技巧	15 分
	修改订单价格	5 分
	关联商品	5 分
	给客户添加标签	10 分
	设置催付功能	5 分
素养	耐心倾听客户需求、礼貌地与客户沟通	5 分
	良好的文字组织能力	5 分
	良好的服务意识、规范意识、自我情绪管理意识	5 分
	严谨、细致的工作态度和敬业精神	5 分
合计		100 分

学习单元二　售中工作

学习目标

知识目标

1. 掌握催发货的类型。
2. 掌握催发货的处理流程。
3. 掌握派件流程。
4. 掌握催派件处理流程。
5. 掌握催派件的方法。

技能目标

1. 能通过客服小蜜和协同工单进行催发货的处理。

2. 能通过系统“提醒发货”进行催发货的处理。
3. 能通过阿里旺旺进行催发货的处理。

素养目标

1. 具有耐心倾听客户需求、礼貌地与客户沟通的职业素养。
2. 具有良好的服务意识、规范意识、自我情绪管理意识。
3. 具有严谨、细致的工作态度和敬业精神。

导 语

2022 年 11 月 11 日凌晨，李先生在某网店下单购买了优惠力度很大的茶几。自从付款之后，李先生数次询问商家发货情况，商家却以各种理由表示需延迟发货，甚至建议李先生申请退款。直到 2023 年 5 月，李先生忍无可忍，将商家诉至法院。

思考：

当客户催发货时，客服应如何妥善处理呢？

相关知识

一、催发货处理

1. 催发货类型

当客户催发货时，客服需要先了解货物是否已经发出，是哪个环节出现了问题（见图 3–28）。

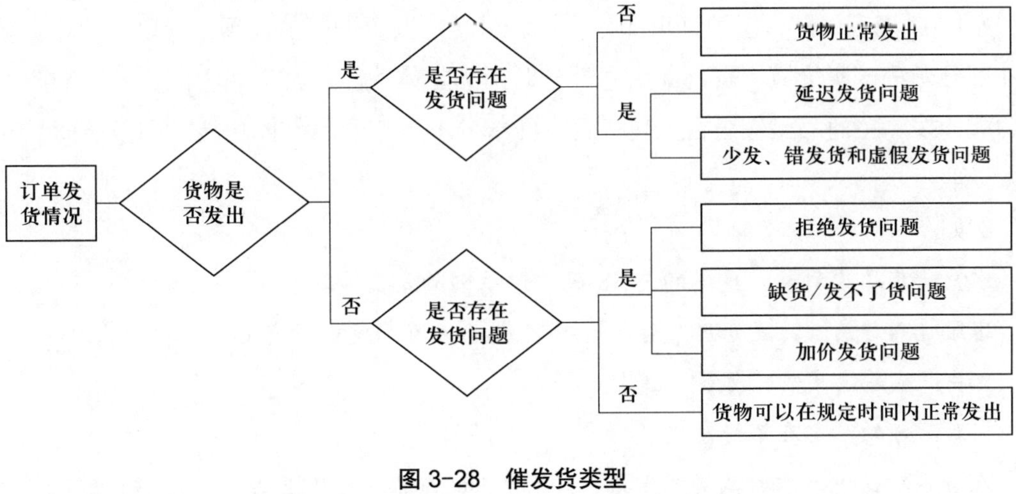

图 3–28 催发货类型

（1）延迟发货

除定制、预售及其他特殊情形等另行约定发货时间的商品订单外，发货时间未能符合发货时间规定（一般是48小时内）属于延迟发货。

赔付：以淘宝为例，①若延迟发货，商家须以发放赔付红包的方式向买家进行赔付，赔付红包金额计算标准为商品实际成交金额的5%，单笔交易最低不少于5元、不高于50元。②延迟发货情节严重且买家发起投诉后，商家未在平台判定投诉成立前主动同意赔付或与买家协商一致的，除须向买家赔付外，每次扣一般违规行为1分（30天内累计扣分不超过6分）。

例如：

客服：请您核对一下收货地址哦，××省××市××区××小区××幢××单元××号。

客户：对的。

客服：好的，今天晚上发出。

在上述对话中，商家和客户保证当天晚上能够发货，但是如果揽件的时间是在第二天，就属于延迟发货。原因在于虽然正常发货时间是客户下单后的48小时内，但是若商家和客户存在另外约定，以另外约定的时间优先。

（2）少发、错发货

客户购买多个商品，商家发了部分或者错发，属于少发、错发货。

少发、错发货认定：①商家聊天记录或投诉留言中承认少发、错发且未在规定时间内补寄。②从外包装看，明显空包。③物流公章证明。买家联系物流公司提供加盖公章的证明，证实商品存在少发、错发等情况。

赔付:以淘宝为例，①子订单部分少发、错发，按照子订单金额进行赔付计算。②若少件部分无法核实价值，需判断少件部分对商品整体功能是否造成影响，若影响商品整体功能，按照主商品金额进行赔付；若少件部分不影响商品整体功能，则按照商品问题进行处理。

例如：

客户：商品收到了，我买的是38码，但收到的是37码。

客服：不好意思，是仓库发错了，要不您退回来，我重新发吧。

客户：我着急用啊，算了，退款吧。

客服：好的，实在不好意思。

在上述对话中，客户购买的商品和商家发出的商品存在尺码偏差，属于错发货。

（3）虚假发货

订单按发货标准显示“已揽收/揽件”等信息后，24小时内无任何物流更新记录的为虚假发货。

虚假发货认定：①在流转过程中，物流信息停滞时间超过正常快递节点流转时间。②其他异常情形，如物流订单对应的物流轨迹与买家收货地址不符，实际包裹内容与客户所购商品无关联等。

赔付：以淘宝为例，①买家投诉成立后，商家应以发放赔付红包的方式向买家进行赔付。赔付红包金额计算标准为商品实际成交金额的30%，单笔交易最低不少于5元、不高于500元。②平台还将视商品虚假发货的严重程度，采取延长虚假发货订单的自动确认收货时间等措施。

例如：

客户：你好，我看到订单状态是“已揽收”，为什么没有物流信息呢？

客服：请您稍等，我看下。

客服：商品明天才能发货哦，请耐心等待哦。

在上述对话中，客户的订单状态是“已揽收”，但没有物流信息，和商家沟通后，商家表示商品明天才能发货，可以认定为虚假发货。

（4）拒绝发货

客户拍下商品并完成支付，商家单方面拒绝交易的行为，属于拒绝发货。

拒绝发货认定：商家拒绝发货或者召回已发出货物。常见的拒绝发货的理由有因担心买家差评而拒绝发货；商品详情页未说明，待买家拍下后才告知买家拍下的商品金额或数量不符合发货条件。

赔付：以淘宝为例，买家投诉成立后，商家应以发放赔付红包的方式向买家进行赔付。赔付红包金额计算标准为商品实际成交金额的30%，单笔交易最低不少于5元、不高于500元。

例如：

客户：检查好商品再发货，质量不好的话我会如实评价的。

客服：不好意思，您申请退款吧，不发了。

客户：为什么？

客服：您的要求比较高，没办法保证您满意哦。

在上述对话中，客户下单后没有提出退货要求，而商家因为怕客户给差评主动让客户退货，可以认定为拒绝发货。

（5）缺货 / 发不了货

因商品缺货或短时间内断货、断码等无法按时完成交易，属于缺货 / 发不了货。

缺货 / 发不了货认定：①商家在发货时间内告知客户商品缺货，或短时间内断货、断码等。②在延迟发货后的 72 小时内仍未发货。

特殊说明：商家承认缺货，但在发货期内留言表示能调到货（有货），买家响应“不要货”除外。

赔付：以淘宝为例，买家投诉成立后，商家应以发放赔付红包的方式向买家进行赔付。赔付红包金额计算标准为商品实际成交金额的 30%，单笔交易最低不少于 5 元、不高于 500 元。

例如：

客服：您刚拍下的商品，本小店暂时缺货，麻烦您看下本小店的其他商品或者点击退款哦！

客户：为什么商品缺货还上架啊。

在上述对话中，客户拍下商品后，商家让客户换货或者退款，可以判定为缺货。

（6）加价发货

商家设置包邮后拒绝包邮、商品涨价、运费不够不发货等情况属于加价发货。

加价发货认定：①买家付款后，商家要求买家补运费发货。②买家付款后，商家要求买家补差价或商家表示无法按照买家付款价格进行交易。

赔付：以淘宝为例，买家投诉成立后，商家应以发放赔付红包的方式向买家进行赔付。赔付红包金额计算标准为商品实际成交金额的 30%，单笔交易最低不少于 5 元、不高于 500 元。

例如：

客服：您的地址 ×× 省 ×× 市，不在包邮范围哦，需要补运费 10 元。

客户：拍下的时候是包邮的，不补。

客服：那发不了，您退货吧。

在上述对话中，商家在商品详情页写的包邮，但是当客户拍下商品后，商家表示客户所在的地方不包邮，需要补运费才发货，可以判定为加价发货。

2. 催发货处理流程

当商家接收到客户的催发货要求时，通常有以下三种处理流程。

（1）安排发货处理流程

安排发货处理流程如图 3–29 所示。

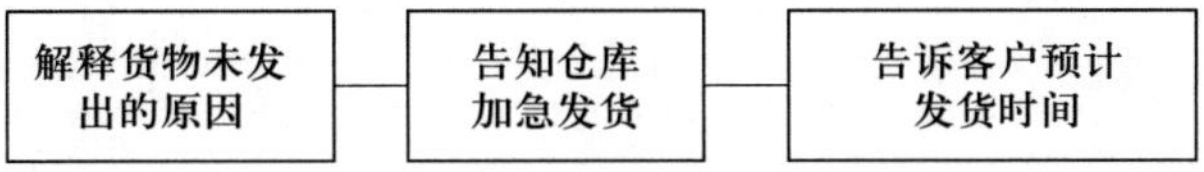

图 3-29　安排发货处理流程

（2）无法发货处理流程

无法发货处理流程如图 3-30 所示。

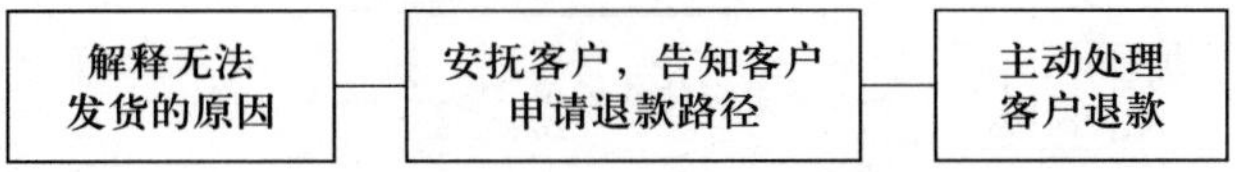

图 3-30　无法发货处理流程

（3）申请违约发货投诉处理流程

申请违约发货投诉处理流程如图 3-31 所示。

图 3-31　申请违约发货投诉处理流程

二、催派件处理

许多客户在商家发货后会实时关注自己的快递信息，特别是急需使用时。那么，派件有哪些流程？如何处理催派件？

1. 派件流程

步骤一：物流公司指定快递员到商家处揽件。

步骤二：快递员将收到的货物放到中转站，并根据送达区域进行分类。

步骤三：物流公司中转站的员工根据地址和派件类型选用合适的交通工具将货物发送到各个地方的分公司，并由分公司进行快递分拣。

步骤四：分公司快递员将快递送到收件人地址，并由收件人确认签收，派送完成。

2. 催派件处理流程

当客户提出催派件需求后，客服可以和快递员或物流公司联系，查询快递的具体情况。快递信息停滞可能是没更新物流信息；也可能是因为快件太多，派送滞留。催派件处理流程如图 3-32 所示。

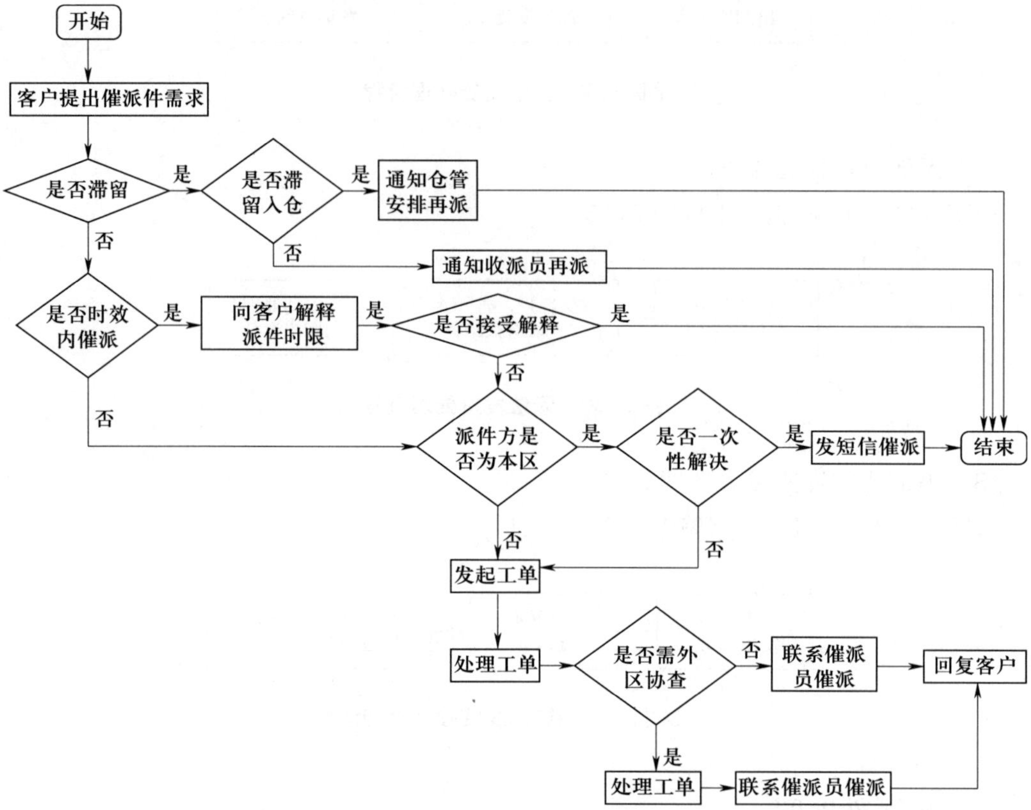

图 3-32 催派件处理流程

3. 催派件的方法

催派件主要有以下三种方法。

（1）联系物流公司

可以拨打物流公司的官方电话或者直接拨打当地的物流公司电话，提供快递单号，快速查询物流信息。

（2）联系发货方

可以直接联系发货的商家，让商家直接跟物流公司对接，催促派件。

（3）联系快递员

当货物进入派件环节，客户可以看到快递员的联系电话，直接和快递员联系。

工作实践

实训 1：客户催发货入口 1——客服小蜜和协同工单

步骤一：打开“客服小蜜”页面，如图 3-33 所示。

步骤二：输入“催发货”，匹配到相关订单，如图 3-34 所示。

图 3-33 “客服小蜜”页面

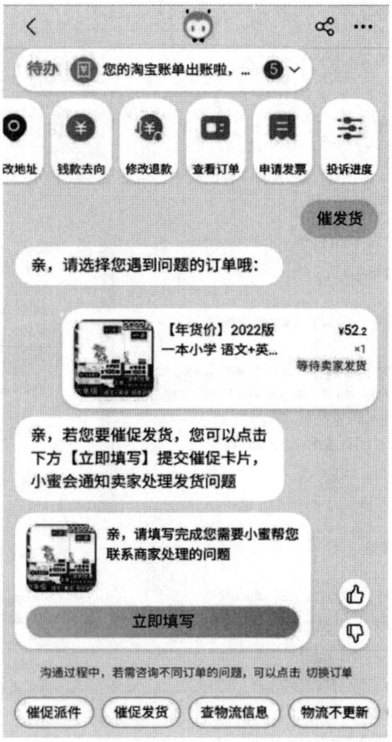

图 3-34 匹配订单

步骤三：填写需要客服小蜜帮助联系商家处理的问题，包括希望商家如何处理自己的问题、情况说明和附图，其中希望商家如何处理自己的问题是必填项，如图 3–35 所示。

步骤四：平台将催发货的信息通知商家在 24 小时内进行处理，如图 3–36 所示。

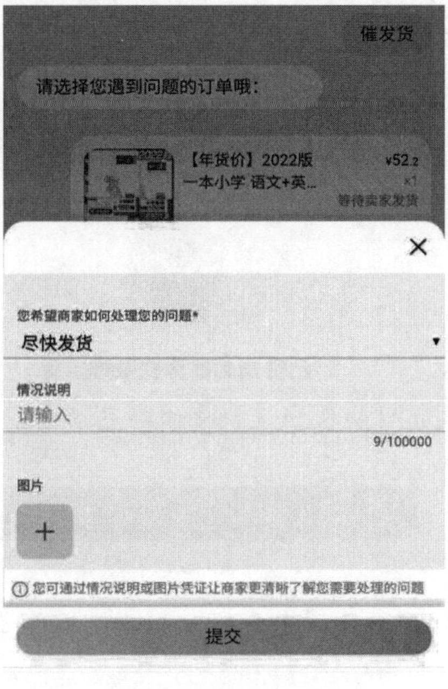

图 3-35 问题说明

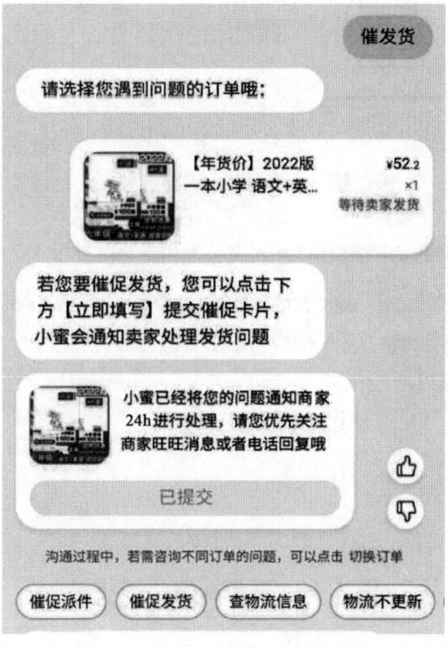

图 3-36 通知商家

步骤五：商家的阿里旺旺会收到平台发送的通知，通知里详细地描述了订单的情况，包括订单编号、会员名称、会员问题、会员子诉求、商家需要在多长时间内处理问题以及如果没有及时处理问题会面临的风险。客服点击“查看工单”按钮，可以直接回复和处理客户的诉求，如图 3–37 至图 3–39 所示。

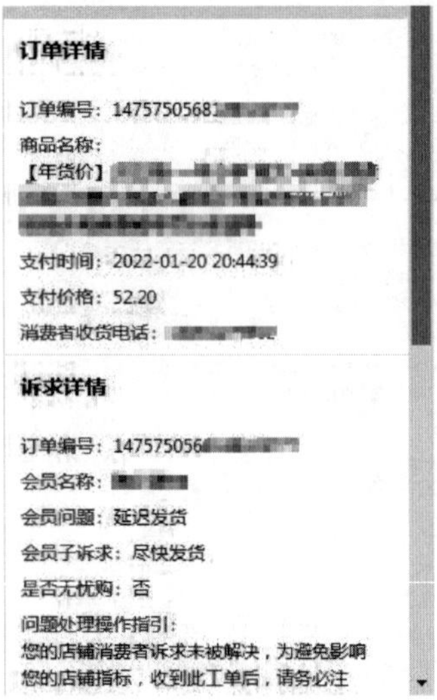

图 3–37　顾客诉求

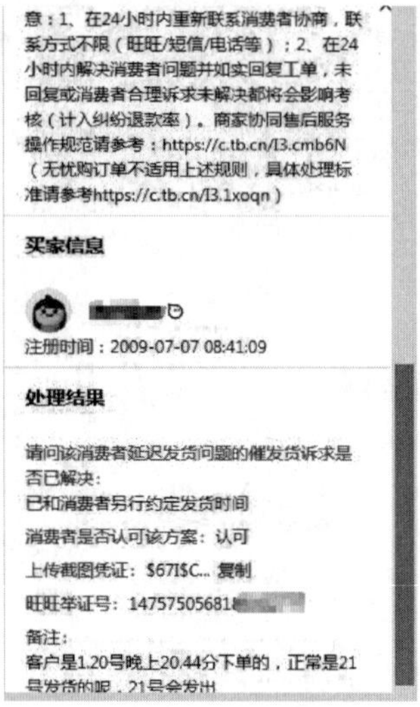

图 3–38　客服处理

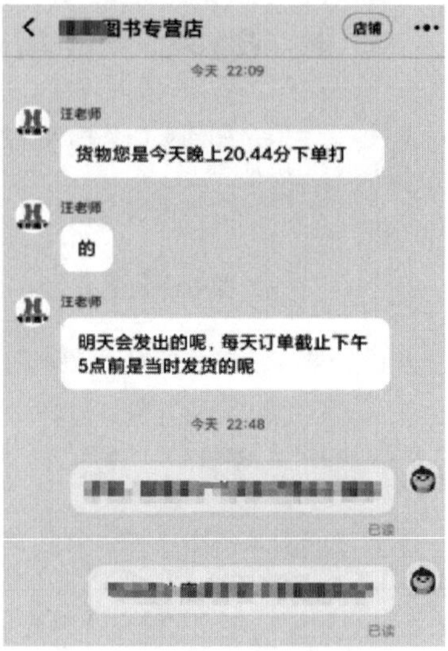

图 3–39　客服回复客户

实训 2：客户催发货入口 2——系统“提醒发货”

步骤一：当客户下单 12 小时之后，系统会出现“提醒发货”按钮，点击此按钮，系统会通知商家尽快安排发货（见图 3–40）。

步骤二：如果想与商家直接联系，点击“继续联系商家”，如图 3–41 所示。

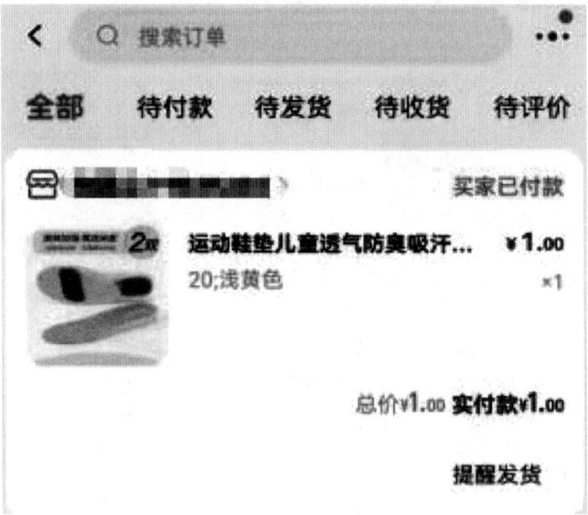

图 3–40　提醒发货

图 3–41　继续联系商家

步骤三：点击要催促发货的订单，如图 3–42 所示。

步骤四：进入与商家聊天窗口，可以在此窗口发消息给商家，如图 3–43 所示。

图 3–42　发送订单

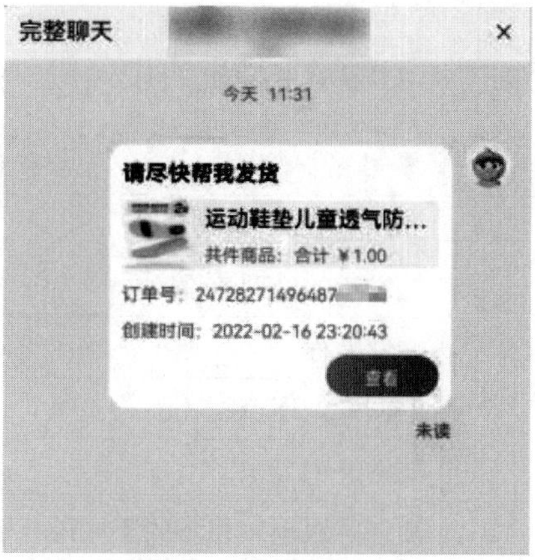

图 3–43　与商家聊天窗口

实训 3：客户催发货入口 3——阿里旺旺催发货

使用阿里旺旺催发货，是最简单、最直接的一种催发货方式，这种方式非常考验商家的响应能力和售后解决能力。商家遇到客户催发货，首先需要做到的是积极响应，其次是需要和客户友好协商，如图 3–44 所示。

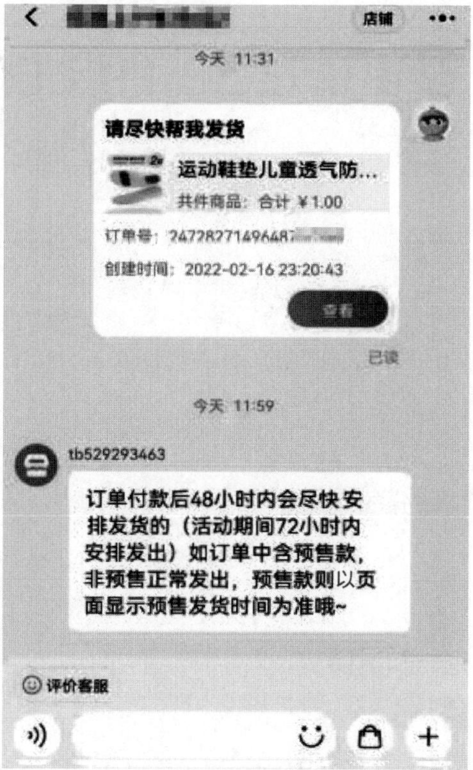

图 3–44　阿里旺旺催发货

学习评价

根据本单元的学习情况，按知识、技能、素养三个指标进行评价。

评价类别	评价内容	配分
知识	催发货的类型	20 分
	催发货的处理流程	10 分
	派件流程	10 分
	催派件处理流程	10 分
	催派件的方法	10 分
技能	通过客服小蜜和协同工单进行催发货的处理	10 分
	通过系统“提醒发货”进行催发货的处理	5 分
	通过阿里旺旺进行催发货的处理	5 分
素养	耐心倾听客户需求、礼貌地与客户沟通	8 分
	良好的服务意识、规范意识、自我情绪管理意识	6 分
	严谨、细致的工作态度和敬业精神	6 分
合计		100 分

学习单元三　售后工作

学习目标

知识目标

1. 掌握退款与退换货的流程。
2. 掌握退换货的原因。
3. 熟悉退换货服务注意事项。
4. 掌握信用评价和店铺评分的概念。

技能目标

1. 能熟练处理客户的退款和退换货。
2. 能熟练管理退货退款。
3. 能查看物流异常信息并上报快递。
4. 能设置自动核对收货地址。

5. 能处理好评、中差评、恶意评价。

素养目标

1. 具有耐心倾听客户需求、礼貌地与客户沟通的职业素养。
2. 具有良好的服务意识、规范意识、自我情绪管理意识。
3. 具有严谨、细致的工作态度和敬业精神。

导 语

李女士在某网店购买了一款价值为 399 元的某品牌运动鞋。收到货后，李女士发现鞋子有橡胶味，于是她及时联系了商家。商家表示鞋子是刚生产出来的，所以会有些味道，建议李女士把鞋先放在比较通风的地方散散味。李女士接受了建议，但还是给了商家差评。

思考：

1. 网店售后客服有哪些工作？
2. 当收到差评后，商家应该如何处理？

相关知识

一、退款与退换货

1. 退换货原因及处理方法

（1）7 天无理由退换货

现在许多商家加入了 7 天无理由退换货服务。无论是客户个人主观原因，还是商品质量等客观原因，都可以按照 7 天无理由退换货服务规定进行退换货。

（2）商品与描述不符

部分商家为了提高销量夸大商品功效，使得客户收到商品后心理落差较大而申请退换货。

当客户退换货的原因是因为商品与描述不符时，商家首先需要核实商品详情页的描述是否有歧义或容易让客户产生误解，其次需要核实是否错发商品。

（3）商品质量问题

商品质量问题一般包括商品有瑕疵、过保质期、功能缺失等。

当客户因商品质量问题要求退换货时，商家首先需要联系客户提供商品实物照片，确认问题是否属实，并核实进货时商品质量是否合格，如果确认商品确实存在问题或无法说明商品是否合格，可以直接与客户协商解决。如果店铺内某款商品的退货率很高，商家需要考虑更换进货来源。

（4）物流问题

物流问题一般包括商品或商品外包装在运输途中破损、商品丢失、没有在规定的时间内送达、对物流服务不满意等情况。

商家需要及时查看千牛卖家工作台中“仓储物流”的“任务中心”，“任务中心”包含五种物流异常情况，分别是揽收超时包裹、中转超时包裹、派签超时包裹、虚假签收包裹、退货包裹。如果发现物流异常，商家一方面需要联系物流公司询问情况；另一方面需要联系客户，做好解释工作。商家也可以选择“上报快递”，直接转由物流公司处理。

2. 退款

退款是指当客户拍下商品（特殊商品除外，如定制商品）后，商家还未发货时，客户发起退款，此时商家可直接退款，退款流程如图 3–45 所示。

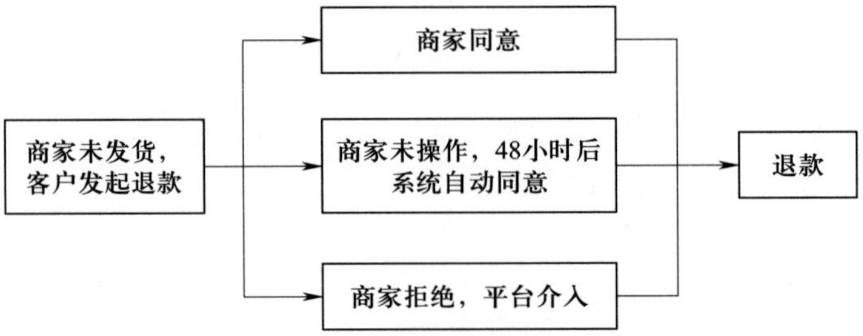

图 3–45　客户发起退款流程

3. 退货

（1）商家已发货，客户未签收

当商家已发货，商品在途中还未到客户手中时，客户申请退货，此时商家可以联系物流公司拦截，并与客户协商拦截成功后退款，若客户需要立即退款，则商家优先给客户退款，流程如图 3–46 所示。

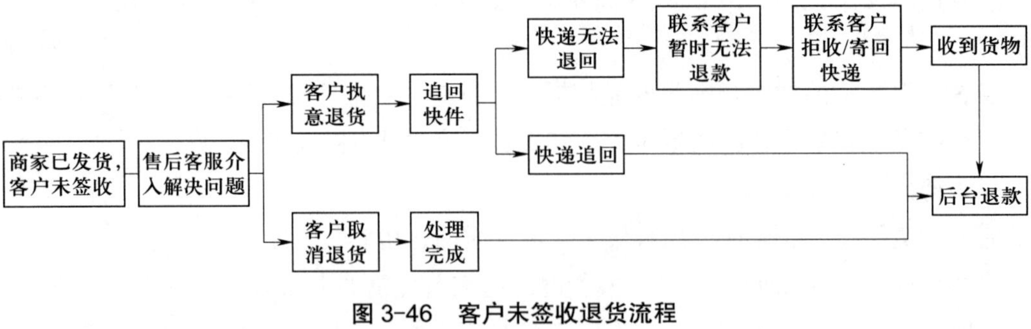

图 3–46　客户未签收退货流程

如果客户拒收商品，寄回的快递费是由商家承担的。如果客户已签收商品或者物流公司不允许拒收，寄回的快递费一般按照“谁过错、谁承担”的原则，由责任方承担。

（2）商家已发货，客户已签收

商品签收后客户申请退货，商家应尽量挽回订单，如果无法挽回就同意退货申请，流程如图 3–47 所示。

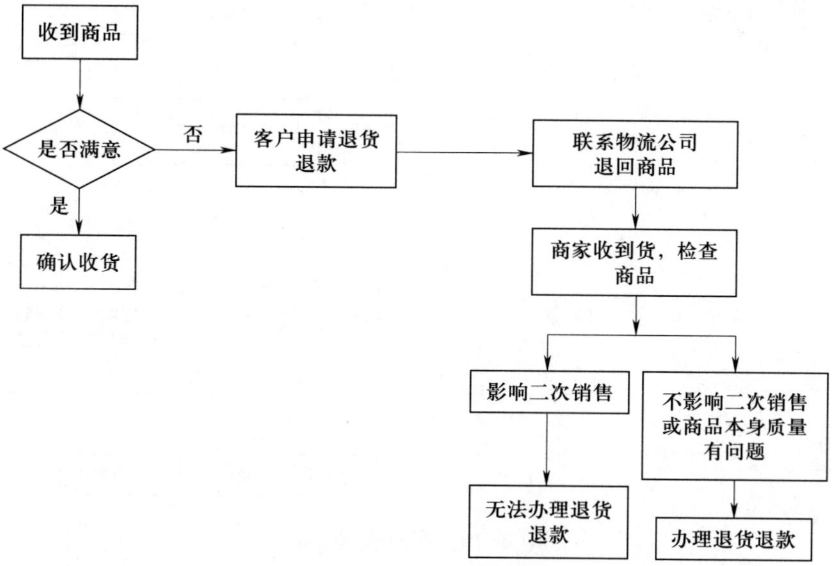

图 3–47　客户已签收退货流程

当客户提出退货申请时，商家需要判断是否可以退货，判断的依据为是否影响二次销售。如果影响二次销售，并且是客户责任，一般不予退货，如果是老客户，则需要灵活处理；如果不影响二次销售，客户退货后，商家要跟踪物流信息，在仓库收货验收后再退款。

退货的原因包括 7 天无理由、退运费、描述不符、少件漏发、包装或产品破损、假冒品牌、未按照约定时间发货、发票问题八个方面。在这八种退货原因中，除了 7 天无理由退货对店铺没有影响外，其他原因都会对店铺的品质退款率有一定影响。

4. 换货

客户收到商品后如发现商品的尺寸、颜色不合适或者有瑕疵等，可要求换货，换货流程如图 3–48 所示。

在申请换货时，客户可以修改商品的类型、数量，还可以修改收货地址。在换货过程中产生的快递费用，一般按照“谁过错、谁承担”的原则，由责任方承担。

例如：

买家小李在店铺买了一件 S 号的牛仔裤，收到货后发现大小不合适，需要换货。由于换货的原因是小李买错了型号，所以把牛仔裤退回给商家产生的快递费用由小李承担。

买家小李在店铺买了一件 S 号的牛仔裤，店铺仓库发了一件 M 号的牛仔裤。小李换货的原因是仓库发错了型号，所以把牛仔裤退回给商家产生的快递费用由商家承担。

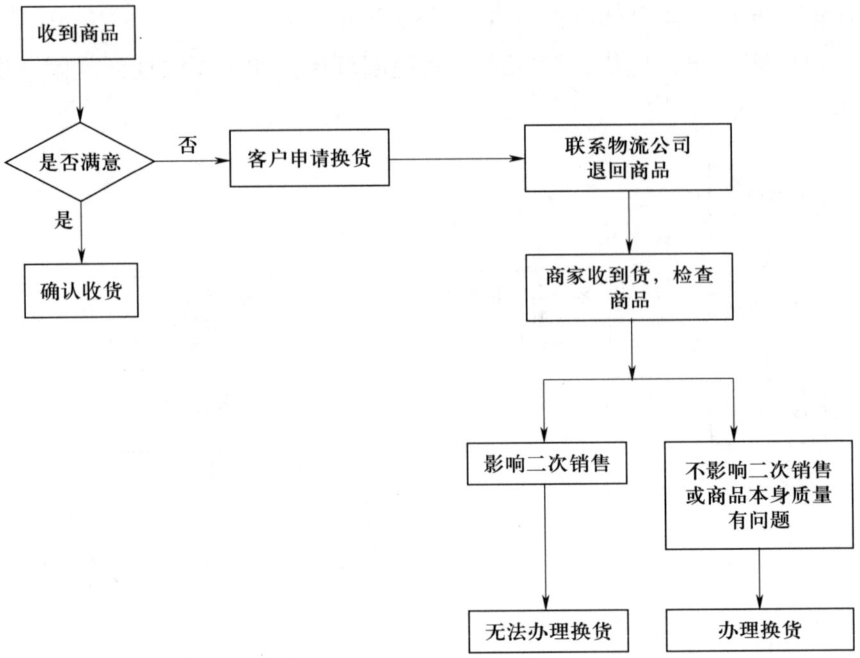

图 3-48　客户换货流程

若客户与商家协商一致后换货，15 天内客户未主动确认完成售后，该售后申请会自动撤销。

二、评价管理

买卖双方在交易成功后都会对对方交易情况作一个评价。评价由信用评价和店铺评分组成，两者是对商家进行评价的不同体系，但都关系到店铺的形象、信誉，商品的曝光量和搜索权重等，如图 3-49 所示。

图 3-49　店铺评价

1. 信用评价与店铺评分

信用评价是买卖双方互评的系统，包括“评分”和“评论内容”。客户对商家的评价如图 3-50 所示，商家对客户的评价回复如图 3-51 所示。

店铺评分，简称 DSR 评分，是客户在淘宝网交易成功后，仅限使用买家身份对本次交易的商家进行的评分。若客户在进行店铺评分时，只对其中 1 项或几项指标作出评分，就确认提交，剩余的指标则视作放弃评分，不会默认评分。

图 3-50 客户对商家的评价

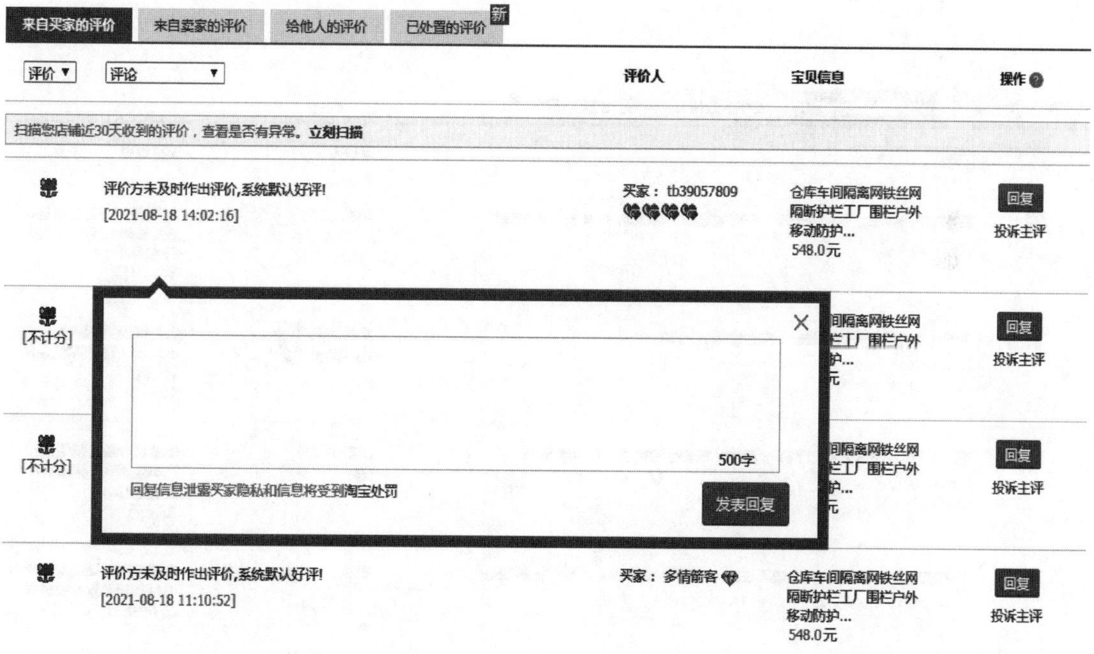

图 3-51 商家对客户的评价回复

店铺评分是动态指标，每项店铺评分取连续 6 个月所有客户评分的算术平均值。每个自然月，相同买家的评分仅计取前 3 次，如图 3-52 所示。

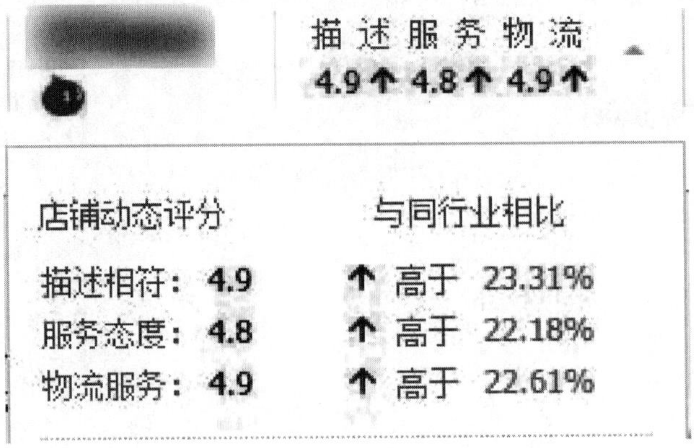

图 3-52　店铺动态评分

2. 好评管理

当客户对商家提供的优质商品或服务感到满意时，一般都会给好评。其他客户除了能看到这条评价外，还能看到商家的回复，所以商家要抓住这个机会，在回复中适当加入店铺的营销信息，这对于提高店铺形象和客户的复购率都有很大帮助，如图 3–53 所示。

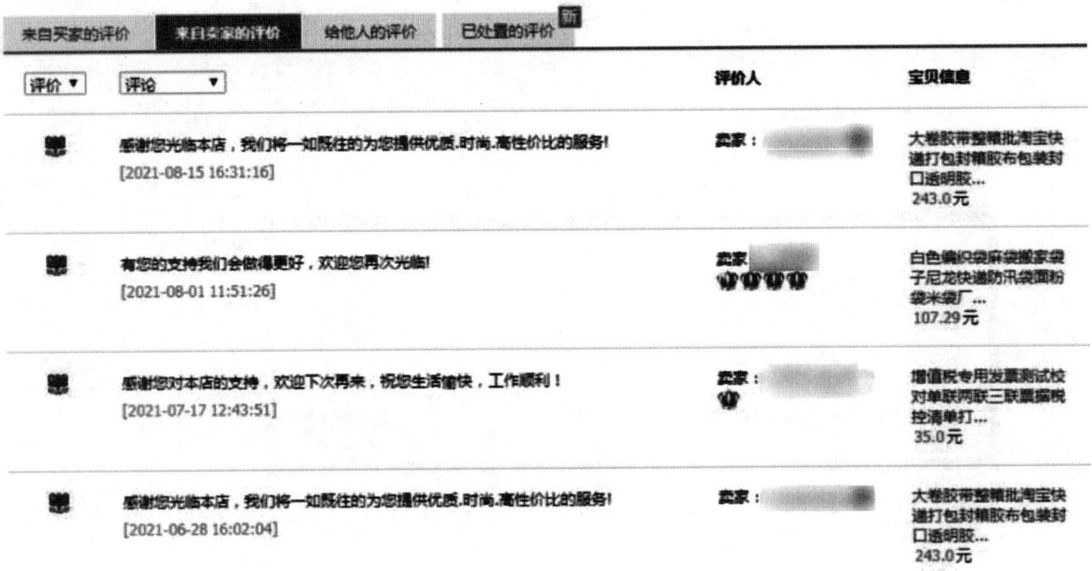

图 3–53　商家评价

商家在回复评价时可以注意以下几点。

（1）客户在评价中提及的事情，商家可以在回复时引用，表示对客户的重视。

（2）客户给出好评，意味着对商品或服务是满意的，商家在回复时可以推荐新品或者热销款，引导客户了解其他商品。

（3）对有趣的、点赞数多的评论给予奖励。这样不仅可以增加互动，还能激发客户评价的积极性。

3. 中差评管理

中差评尤其是差评会影响店铺商品的转化率，商家应该认真对待，找出客户给出中差评的原因并予以解决。

（1）中差评原因

客户给中差评一般有以下几个原因。

1）商品问题

当商品质量有问题或者客户认为商品和预期相差甚远，会给出差评。

例如：这双鞋子穿着走路很累，脚面好像被什么东西硌着，有点痛，最痛苦的是，这鞋子把你走路的方式改了，不外八走鞋子就掉。

2）物流问题

当客户收到商品时，发现外包装或者商品有破损；客户收到商品的时间比约定的时间晚了好几天，会给出差评。

例如：物流太慢，本来商品详情页上写的是江浙沪当天下午4点前下单，两天内到，结果等了一星期才到。

3）服务问题

一般服务问题包括商家回复不及时、态度不好、业务能力差不专业、没有责任心等。

例如：这双鞋子的鞋底是真的软，穿着也很舒服，码数标准，性价比超高，就是客服不怎么爱搭理人，问了没人回复。

4）恶意中差评

如同行竞争者、职业差评师等故意给差评以谋取私利。

（2）中差评处理流程

1）确认对方身份

在和客户沟通前，商家需要确认客户身份。

例如：您好，请问您是××先生（女士）吗？

2）确认产品

通过确认产品，让客户回忆起商家处理的是哪一款商品。

例如：您好，我是××店铺的客服，××时间您在我店铺购买的××产品，您还记得吗？

3）真诚道歉

客户给了中差评，意味着购物体验是比较差的，作为商家，首先需要做的事情是道歉，让客户感受到商家是很真诚地在处理这件事情。

例如：非常抱歉给您带来的不愉快的购物体验，看到您的评价，很抱歉，我也觉得很气人，如果我遇到这样的情况……

4）解决问题

通过与客户沟通，商家判断出客户遇到的问题属于哪一种类型，告知客户遇到问题的原因是什么，对症下药。

例如：

质量问题。给您补发一个。我们都是工厂统一发货的，针对您说的问题，我们已经跟工厂沟通解决了，以后不会出现类似情况。

色差问题。针对您提出的色差问题，我们已经跟摄影师、美工沟通过了，正在进行整改，希望您能给予我们弥补的机会，给您退款或者发其他颜色的产品。

客服问题。我们对接待您的客服已经作出了批评教育，一定会改正，希望给小店一个机会。

物流问题。实在抱歉，由于物流原因，让您购物体验不好，我们正在积极和快递沟通，尽快为您派送，希望您给小店一次机会。

5）补偿

商家可以根据问题严重程度给客户适当的补偿。

例如：很抱歉，为了表示歉意，您看我能不能给您重新发货/给您补发一个赠品/给您一张优惠券/给您退一部分款，作为补偿？

6）跟进客户修改评价的结果

如果客户愿意修改评价，商家给其发送修改链接，修改中差评需要在48小时内完成；如果客户不愿意修改评价，商家需要回复评价，解释原因，打消其他客户的疑虑。

4. 恶意评价管理

恶意评价是指在没有根据的情况下对商品给予差评，以此进行敲诈勒索，或是达成打压竞争对手的目的。恶意评价包括以下几种情况。

（1）利用中差评谋取额外钱款或其他不当利益

在双方沟通过程中，客户主动利用中差评要挟商家，谋取额外钱款或者其他不当利益。

（2）同行竞争者交易后给负面评价

商家提交投诉后，审核部门会通过多个维度审核是否涉及同行竞争等恶意行为，如果是同行但是没有恶意行为不算恶意评价。

（3）未收到货但给出对商品的评价

客户在未签收货物的情况下，确认收货给商品虚假评价。

（4）评价内容中涉及辱骂、污言秽语或泄露他人信息等情况

该类型恶意评价不受好中差评限制，评价中只要出现辱骂、泄露他人信息等情况即

属于恶意评价，评价内容将被屏蔽、不对外展示。

（5）评价时做广告

评价的内容除了评价商品或服务以外，还加入了与商品和服务无关的广告信息。

遇到恶意评价时，商家可以进行投诉主评，如图 3–54 所示。需要注意的是，每条评价只能投诉一次；如投诉类型显示为灰色，则说明该投诉类型当日已经使用过；用捏造凭证等不当手段发起投诉将被收回权益和违规处罚，如图 3–55 所示。

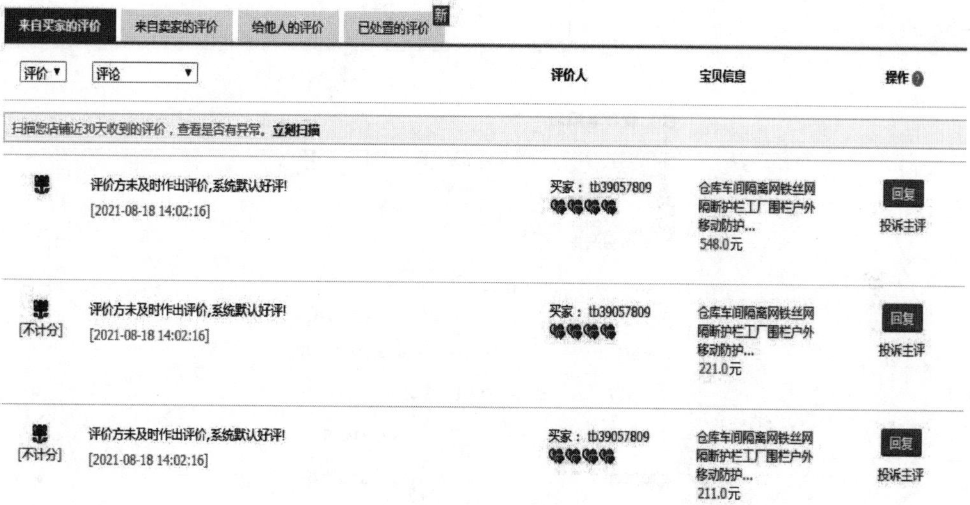

图 3–54　投诉主评

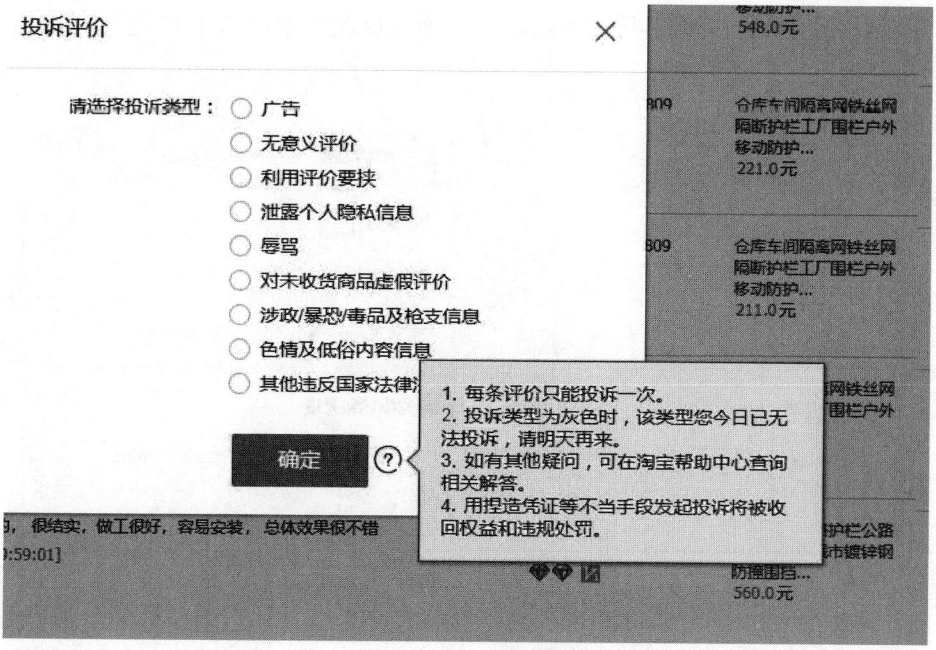

图 3–55　投诉类型

工作实践

实训 1：客户退款（未发货）

当客户购买的商品还没有发货，而客户想要申请退货，由于货还未发出，可以直接进行退款操作。

步骤一：点击“我的淘宝”—“待发货”，找到需要退款的商品，点击“退款”，如图 3–56 所示。

图 3–56　退款页面

步骤二：选择符合自身情况的退款原因，确认退款金额，补充描述并上传凭证，如图 3–57 和图 3–58 所示。

图 3–57　选择退款原因

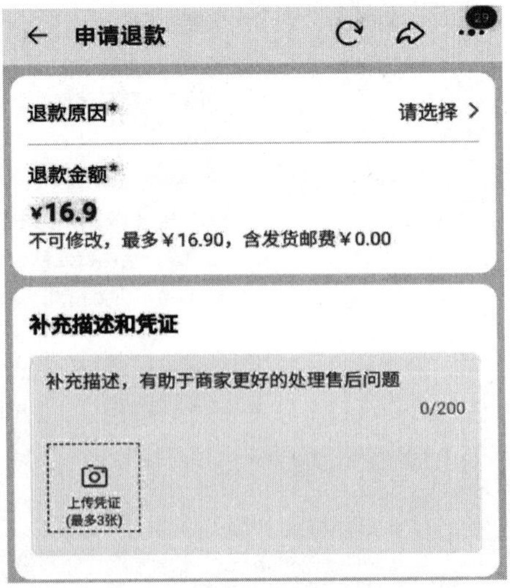

图 3–58　填写退款信息

实训 2：客户退款（无须退货）

当客户购买的商品已经发货但还没有收到货时申请退款，可以退款无须退货；或者客户购买的商品已经签收，但是与商家协商之后，由于商品有质量问题或退货的运费比较高，也可以退款无须退货。

步骤一：点击“我的淘宝”—“待收货”，找到需要退款的商品，点击“退换”，如图 3–59 所示。

步骤二：当商品还在运输途中或者商品状态虽显示“已签收”，但客户没有收到货或者与商家协商同意不用退货只退款，点击“我要退款（无须退货）”，如图 3–60 所示。

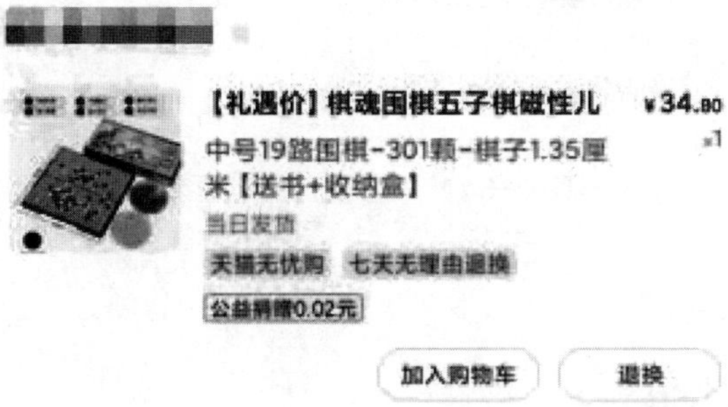

图 3–59　退换页面

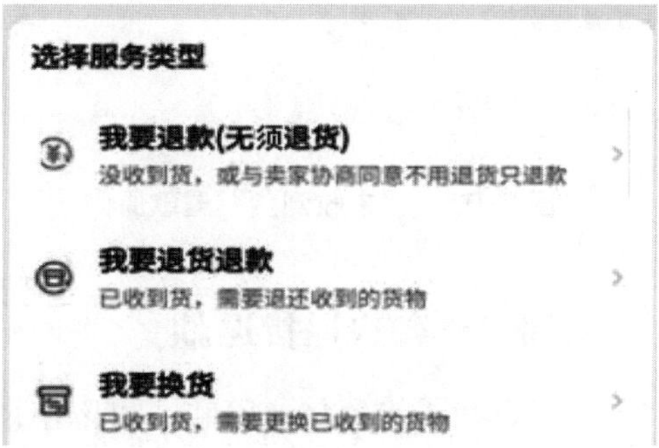

图 3–60　选择服务类型

步骤三：点击“货物状态”，货物分为“未收到货”和“已收到货”两种状态，如图 3–61 和图 3–62 所示。

图 3–61　货物状态（1）

图 3–62　货物状态（2）

步骤四：如选择“未收到货”，确认退款原因，如图 3–63 所示。如选择“已收到货”，确认退款原因，如图 3–64 所示。确认退款金额，补充描述并上传凭证。

图 3–63　“未收到货”退款原因

图 3–64　“已收到货”退款原因

实训 3：客户退货退款

当客户购买的商品已签收，可以申请退货退款。

步骤一：点击“我的淘宝”—“待收货”，找到需要退货退款的商品，点击“退换”。

步骤二：点击“我要退货退款”，如图 3–65 所示。在退款信息页面（见图 3–66），选择退款原因（见图 3–67），确定退款金额，选择退货方式（见图 3–68），补充描述并上传凭证。

图 3–65　服务类型

图 3–66　退款信息页面

图 3-67 选择退款原因

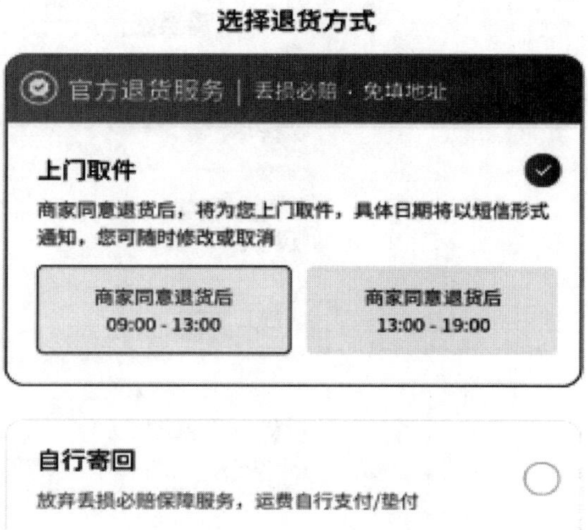

图 3-68 选择退货方式

实训 4：客户换货

当客户购买的商品已签收，可以申请换货。

步骤一：点击“我的淘宝”—“待收货”，找到需要换货的商品，点击“退换”，选择“我要换货”。

步骤二：选择换货原因，默认是“7 天无理由换货”，如图 3-69 所示。在换货商品栏，选择需要调换的商品并选择数量（见图 3-70），填写换货说明并上传凭证，在收货地址栏可以更换收货的地址，如图 3-71 所示。

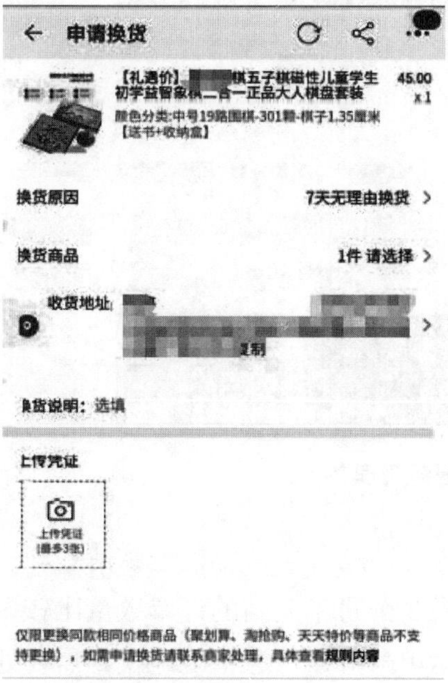

图 3-69 选择换货原因

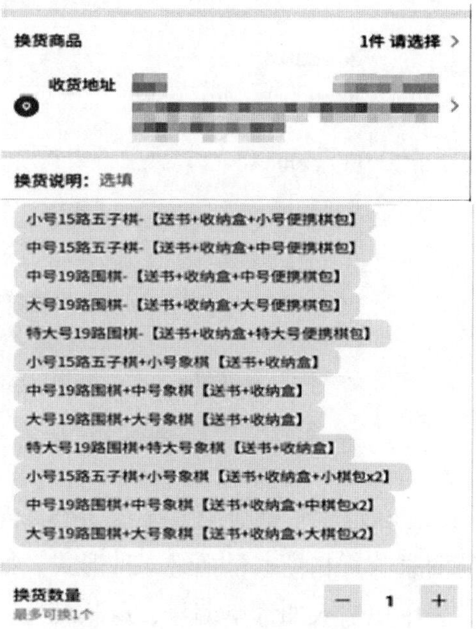

图 3-70 选择换货商品类型和数量

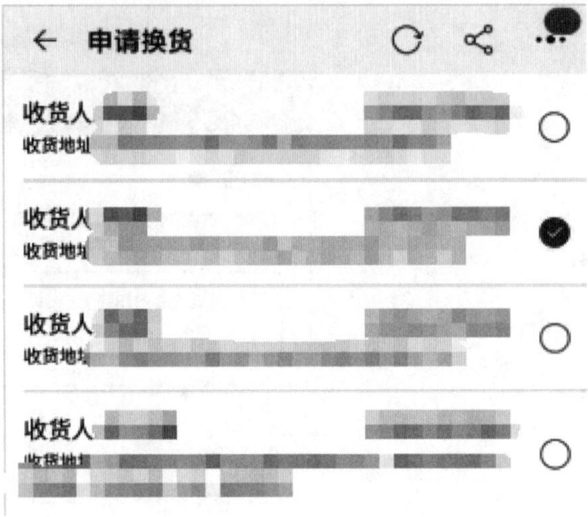

图 3-71　申请换货地址

实训 5：商家退货退款管理

步骤一：登录千牛卖家工作台，点击“退款管理”，如图 3-72 所示。

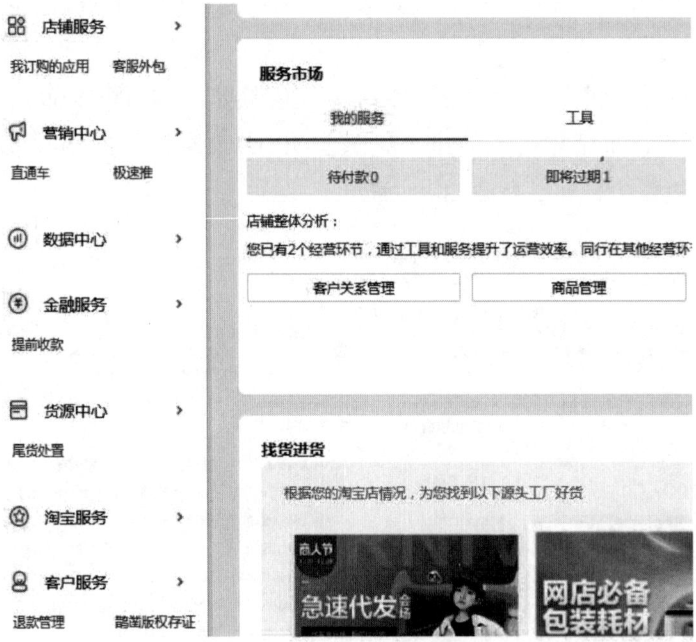

图 3-72　点击“退款管理”

步骤二：在退款管理页面，显示 3 个月内未完结的订单，包括退款待处理、待买家发货、待商家收货和商家已拒绝 4 种形式。如果 3 个月未完结的订单数量比较多，可以在下方的表单里输入如订单编号、退款编号、运单号等，快速精准地找到需要处理的订单，如图 3-73 所示。

图 3-73 退款管理页面

步骤三：找出售中或售后订单，可以根据退款类型、退款状态、原因、托管状态、退货物流状态、小二介入和退货物流方式来查找订单，如图 3-74 所示。

图 3-74 售中或售后订单快速查找页面

步骤四：在“售后工作台”处理 3 类订单，如图 3-75 所示。第一类是“订单错误挽留”，对由于订单信息错误、未能发货等问题引发的退款进行挽留，减少客户退款量，实现店铺成交挽回。第二类是“自动同意退货申请”，当客户申请退货的条件满足商家设置的自动退货条件，系统自动同意并提供退货地址，降低了人工操作成本。第三类是“已收到货仅退款0秒退”，当客户收到货后仅申请退款并且达到商家设置的退货条件时，系统自动同意退款申请并退给客户，无须人工审批，降低了人工操作成本。

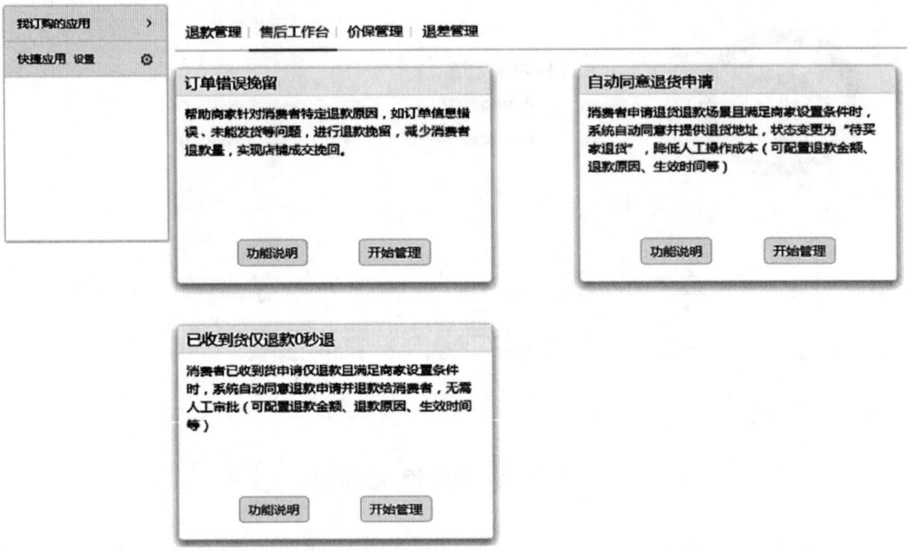

图 3–75 售后工作台

步骤五：商家点击“自动同意退货申请”中的“开始管理”按钮进行设置。退款场景默认选择“退货退款”，物流状态默认选择“已发货已收到货”，退款金额输入单笔订单申请退款的最大额度，选择退款原因，输入生效时间。当客户满足商家设置的条件时，系统即可自动退款，如图 3–76 所示。

图 3–76 自动同意退货申请设置

实训 6：查看物流异常信息并上报快递

步骤一：点击“消息中心”—“仓储物流”—“任务中心”—“物流异常”，如图 3-77 所示。

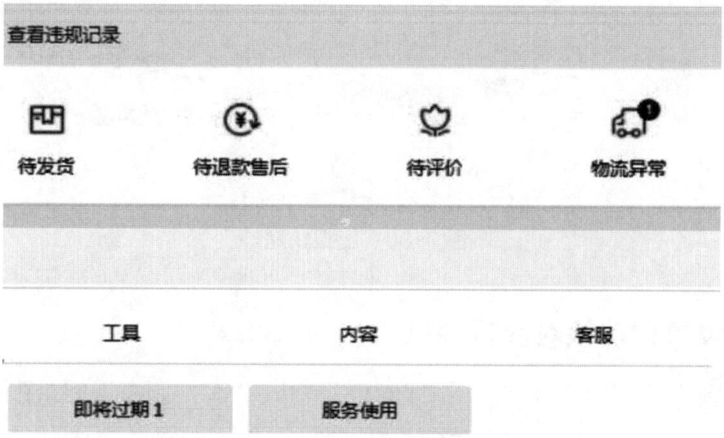

图 3-77　找到物流异常页面

步骤二：点击“揽收超时”，查询物流异常信息，如图 3-78 所示。

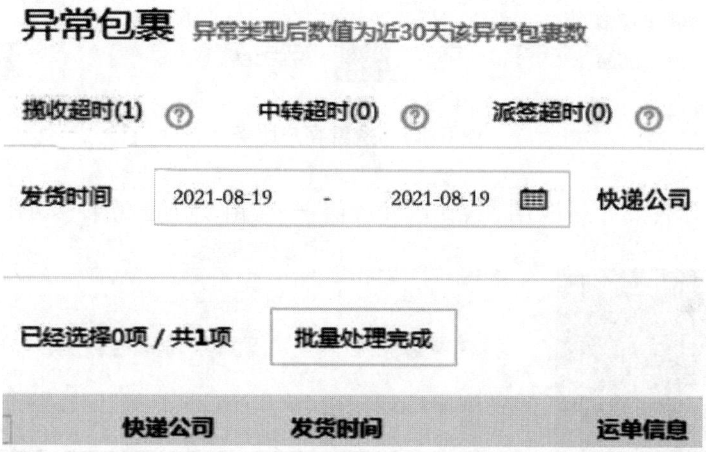

图 3-78　查询物流异常信息

步骤三：查询发货时间，如图 3-79 所示。

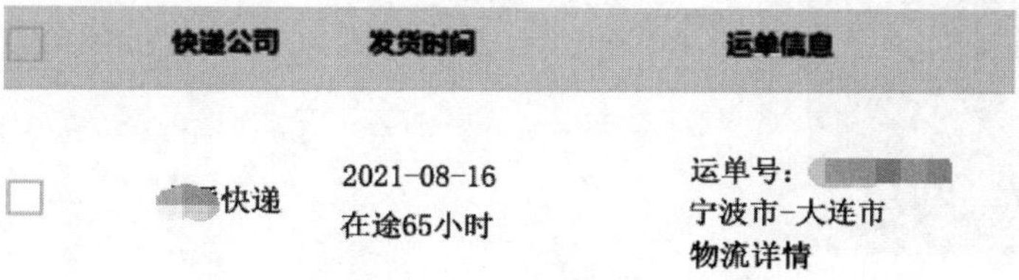

图 3-79　查询发货时间

步骤四：点击“上报快递”，由物流公司处理完成，如图 3–80 所示。

图 3–80　上报快递

实训 7：设置自动核对收货地址

步骤一：登录千牛卖家工作台，在搜索框里输入“客户服务”，如图 3–81 所示。

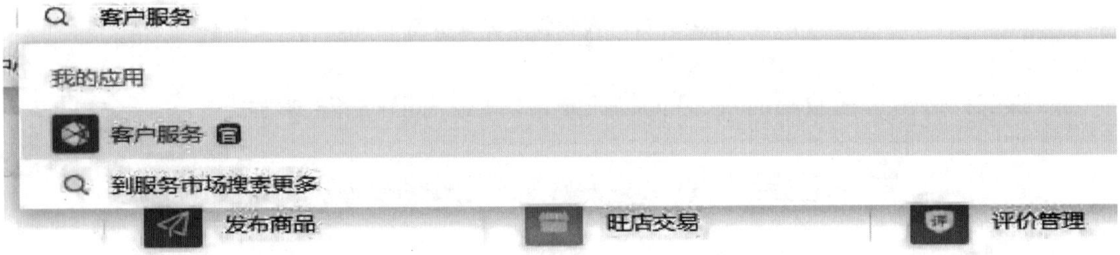

图 3–81　搜索客户服务

步骤二：打开客户服务应用，点击“设置”—“自动化任务”，如图 3–82 所示。

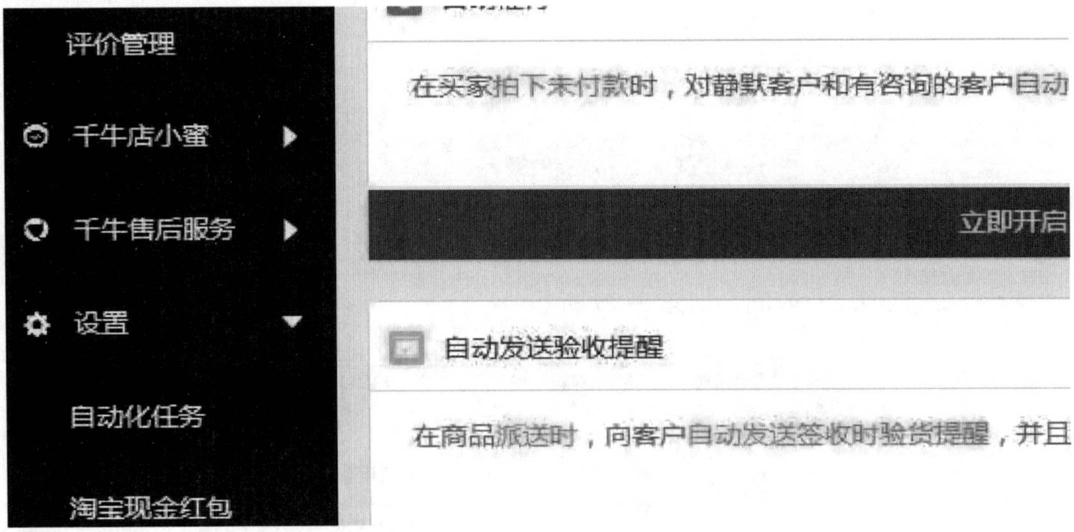

图 3–82　自动化任务页面

步骤三：在自动核对订单模块下，点击“立即开启”按钮，如图 3-83 所示。

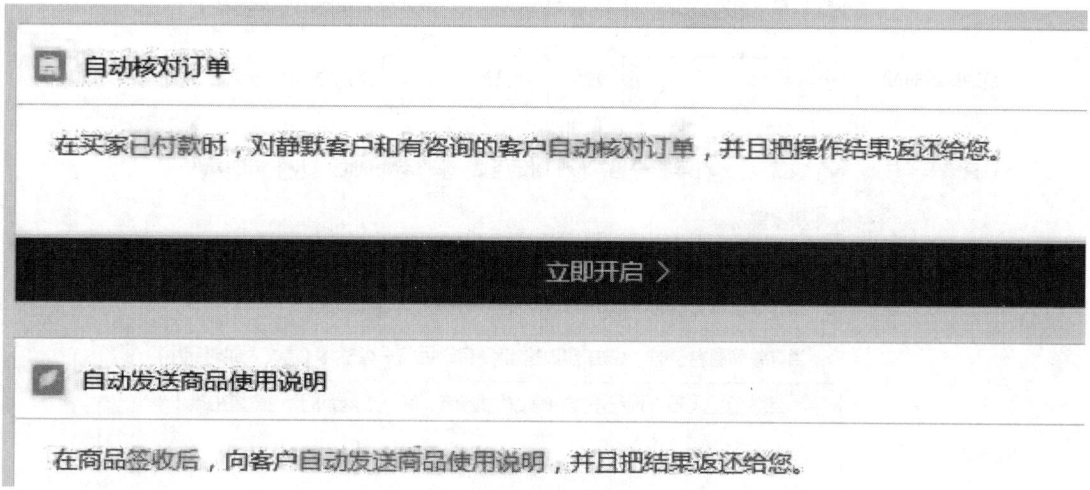

图 3-83　开启自动核对订单

步骤四：点击右上角的“规则设置”按钮，如图 3-84 所示。

图 3-84　规则设置

步骤五：在“设置核单卡片”中，在“对静默订单自动核单核址”前面的框中打钩。其余选项根据商家的实际需求进行选择，如图 3-85 所示。

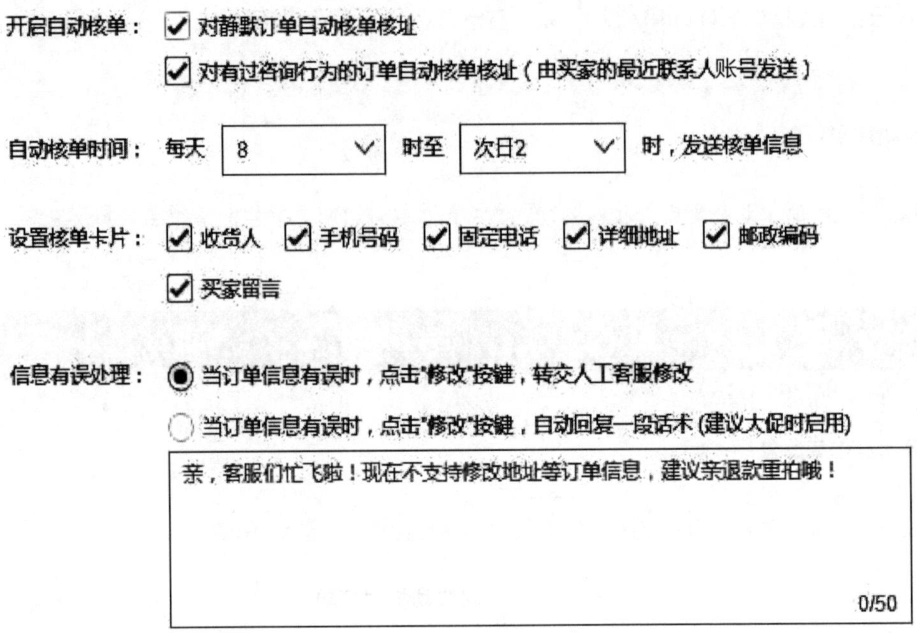

图 3-85　设置核单卡片

学习评价

根据本单元的学习情况，按知识、技能、素养三个指标进行评价。

评价类别	评价内容	配分
知识	退款与退换货的流程	10 分
	退换货的原因	10 分
	退换货服务注意事项	6 分
	信用评价和店铺评分的概念	4 分
技能	处理客户的退款和退换货	15 分
	管理退货退款	15 分
	查看物流异常信息并上报快递	5 分
	设置自动核对收货地址	5 分
	处理好评、中差评、恶意评价	10 分
素养	耐心倾听客户需求、礼貌地与客户沟通	8 分
	良好的服务意识、规范意识、自我情绪管理意识	6 分
	严谨、细致的工作态度和敬业精神	6 分
合计		100 分

模块四　客户关系维护

学习单元一　客户信息收集与处理

学习目标

知识目标

1. 掌握客户信息收集的概念。
2. 掌握客户信息收集的方法。
3. 熟悉客户信息分类。
4. 掌握客户差异化维护的概念。

技能目标

1. 能通过企业自主渠道收集客户信息。
2. 能通过外部渠道收集客户信息。
3. 能对客户信息进行有效分类。
4. 能对客户进行差异化细分。

素养目标

1. 具有规范收集客户信息、保护客户隐私的职业素养。
2. 具有良好的服务意识、规范意识、自我情绪管理意识。
3. 具有严谨、细致的工作态度和敬业精神。

导 语

小张是某电商平台旗舰店的工作人员。一年一度的双十一购物狂欢节即将来临，主管让小张整理客户资料，对老客户进行差异化细分，统计出各类用户的行为偏好，并且开发一些新客户，与市场部人员共同完成活动策划。

思考：

1. 客户的哪些数据能够统计出行为偏好？

2. 通过对老客户的分析，是否能够挖掘出潜在的新客户？

相关知识

一、客户信息收集

1. 客户信息收集的概念

客户信息是指客户喜好、客户细分、客户需求、客户联系方式等关于客户的基本资料。

客户信息收集是指采集、整理和加工客户数据。

客户信息收集是企业营销活动的一项基础性工作，高效获取客户信息并及时更新客户信息是每家企业的迫切需求。

2. 客户信息收集的方法

一般来说，客户信息的主要来源为企业内部已经登记的客户信息、客户销售记录、在与客户接触中收集的信息，以及从外部获得的客户信息。

（1）企业自主收集客户信息

很多企业会组织一些活动来采集客户信息，比如经常采用的有通过赠送礼品、折扣券等方式对自愿登记的客户进行奖励，要求客户填写他们的姓名、电话和地址等信息，这类活动能够在短时间内收集到较大量的客户信息。

（2）从外部获取潜在客户数据

从外部获取潜在客户数据一般通过购买、租用或是合作的方式。潜在客户数据获取渠道主要有以下几个。

1）数据公司

数据公司专门收集、整合和分析各类客户的数据和客户属性。专门从事这一领域的数据公司往往与政府及拥有大量数据的相关行业和机构有着良好而密切的合作关系。一般情况下，这类公司都可以为直复营销行业提供成千上万的客户数据列表。在北上广深等国内大中城市，这类公司发展非常迅速，已经在数据营销领域扮演重要角色。中国数据公司主力阵营如图 4–1 所示。

图 4-1 中国数据公司主力阵营

2）目录营销与直复营销组织

目录营销是指通过给精心挑选的客户邮寄目录或给商场配备目录来进行销售。直复营销是指以营利为目标，通过个性化的沟通媒介向目标市场成员发布发盘信息，以寻求对方直接回应（问询或订购）的管理过程。这类组织会直接给客户打电话或邮寄产品目录。只要有合适的价格或目的，这类公司通常愿意分享它们的数据信息。

3）零售商

一些大型的零售商掌握丰富的客户会员数据。

4）信用调查公司

这类公司可提供企业、客户信用信息查询。

5）专业调查公司

在消费品、服务等行业中，有许多专注于产品调查的公司。这些公司通过长期的积累，获取了大量的客户数据。

6）消费者研究公司

这类公司能构建并分析复杂的客户消费行为特征，可以通过购买获取这类数据。

7）相关服务行业企业

通信、航空、金融、旅游等相关服务行业企业掌握大量客户数据，可通过合作或交换的方式获取客户数据。

8）媒体

一些全国性或区域性的杂志和报纸媒体拥有大量的客户订阅信息和调查信息。

9）政府机构和研究机构

各级政府机构和研究机构掌握大量的数据，如户政数据、纳税信息、社会保险信息等。

二、客户信息处理

1. 客户信息管理

科学的客户信息管理是凝聚客户、促进企业发展的重要保障。客户信息是一切交易的源泉。进行科学的客户信息管理是信息加工、信息挖掘、信息提取和再利用的需要，可以实现客户信息利用的最大化和最优化。

2. 客户信息分类

客户信息主要分为描述类信息、行为类信息和关联类信息三种类型。

（1）描述类信息

客户描述类信息主要是用来理解客户的基本属性的信息，如个人客户的联系信息、地理信息和人口统计信息，企业客户的社会经济统计信息等。这类信息主要来自客户的登记信息，以及通过企业的客户关系管理系统收集到的客户基本信息。

这类信息的内容大多是描述客户基本属性的静态数据，其优点是大多数的信息比较容易采集到。但是，一些基本的客户描述类信息缺乏差异性，还有一些信息涉及客户隐私，如客户的住所、联络方式、收入等，在使用和分享这类信息时需要注意信息安全及隐私保护。

（2）行为类信息

客户行为类信息一般包括客户购买服务或产品的消费记录、客户偏好和生活方式等相关的信息。

客户行为类信息主要是帮助企业的市场营销人员和客服在客户分析中掌握和理解客户的行为。客户行为类信息反映了客户的消费选择或决策过程。

客户行为类信息一般来源于企业内部交易系统的交易记录，企业呼叫中心的客户服务和客户接触记录，营销活动中采集到的客户响应数据，以及与客户接触的其他销售人员与服务人员收集到的数据信息。企业从外部采集或购买的客户数据也会包含大量的客户行为类信息。

客户偏好信息主要是描述客户的兴趣和爱好的信息。如有些客户喜欢户外运动，有些客户喜欢旅游，有些客户喜欢打网球，有些客户喜欢读书。这些数据有助于帮助企业了解客户的潜在消费需求。

企业记录了大量客户交易数据，如零售企业记录了客户的购物时间、购物商品类型、购物数量、购物价格等信息；电子商务网站记录了网上客户浏览数据和交易数据，如客户购买的商品、交易的时间、购物的频率等；移动通信企业记录了客户通话的时间、通话时长、呼叫号码、呼叫状态、通话频率等。

与客户描述类信息不同，客户行为类信息主要是客户在消费和服务过程中的动态交易数据和交易过程中的辅助信息，需要实时记录和采集。客户的行为特征需要通过对客户的交易记录和其他行为数据进行必要的处理和分析后提炼得出。

（3）关联类信息

客户关联类信息是指与客户行为相关的，反映和影响客户行为和心理等因素的相关信息。企业收集和维护这类信息的主要目的是更有效地帮助企业的市场营销人员和客服深入理解影响客户行为的相关因素。

客户关联类信息通常包括客户满意度、客户忠诚度、客户对产品与服务的偏好或态度、竞争对手行为等。

客户关联类信息可以通过专门的数据调研和采集获得。有时也需要应用复杂的客户关联分析来得到关联类信息，如客户忠诚度、客户流失倾向、客户终身价值等。客户关联类信息可以有效反映客户的行为倾向，通常是客户分析的核心目标。

对于很多企业尤其是服务类企业，有效地掌握客户关联类信息对于客户营销策略和客户服务策略的制定和实施是至关重要的，可以赢得重要的客户资源，获得竞争优势。

3. 客户的差异化维护

迈克尔·波特指出，差异化是公司最重要的一个竞争战略选择，也是公司竞争优势的主要来源。客户管理的差异化体现在对客户的细分，对关键客户的需求分析，对销售人员差异化推广行为的辅导和管理，对客户价值的重新认定等方面。

差异化客户细分内容包括找出与自己的产品相匹配的客户群；找出与现有销售团队能力现状相匹配的客户群；找出与竞争对手相比，在资源分配方面形成差异的客户群。

差异化客户细分就是对全体客户多次细分的过程。通常可以从客户潜力、客户贡献、客户对产品和服务的认知、商家与客户关系发展阶段等方面进行客户细分。首先可以对目标客户进行潜力—贡献分级，然后对目标客户进行认知—关系二次分级，还可以根据产品差异化策略对目标客户进行三次分级。经过多次细分，客户的行为模式和需求特点已经被基本界定，也缩小了营销的选择范围，便于制定区域客户管理策略。

经过多次细分后的客户群就是关键客户，需要销售人员收集更多的个人信息，辨别关键客户的个性化需求。

针对关键客户的营销方法有很多，需要确定其关键行为，并为之设定差异化标准，与客户隐性需求相关联，与竞争对手的营销在形式、内容或强度上形成差异。

工作实践

实训 1：客户信息收集

步骤一：设计会员信息登记表（见表 4–1）。

表 4–1　　会员信息登记表

* 会员名		* 性别		* 出生日期	
* 电话		* 微信			
地址					
职业	□公务员　□企业管理人员　□学生　□职员　□私营企业主　□其他				
您希望我们使用哪种方式联络					
我们将为您准备生日礼物及发送活动优惠信息。 带 * 号为必填项。					

步骤二：将会员信息登记表设计成一个网页链接到客户数据库，也可设计成一份调查问卷发布到网页平台上或通过问卷星发送给客户进行入会登记。

步骤三：合并会员信息登记表数据，制作会员信息汇总表（见表 4–2）。

表 4–2　　会员信息汇总表

会员名	性别	出生日期	电话	微信	地址	职业	联络方式

实训 2：客户信息处理

请根据整理后的客户订单数据表（见表 4–3），分析客户的描述类信息、行为类信息和关联类信息。

表 4–3　　客户订单数据表

客户编号	年龄	访客来源	性别	常住地区	客户职业	产品名称	产品价格（元）	订单数量
NO2020119	33	移动端	女	河南	医务人员	产品 A	299	1
NO2020015	40	PC 端	女	河南	工人	产品 C	89	1
NO2020100	29	移动端	男	天津	公务员	产品 C	89	1

续表

客户编号	年龄	访客来源	性别	常住地区	客户职业	产品名称	产品价格（元）	订单数量
NO2020023	48	移动端	女	浙江	工人	产品 A	299	1
NO2020028	24	移动端	女	天津	医务人员	产品 A	299	1
NO2020024	40	移动端	女	四川	工人	产品 A	299	1
NO2020071	27	PC 端	女	天津	医务人员	产品 C	89	1
NO2020109	30	移动端	不详	河南	公司职员	产品 C	89	1
NO2020077	30	PC 端	女	天津	学生	产品 A	299	1
NO2020014	42	移动端	不详	浙江	医务人员	产品 B	189	1
NO2020034	20	移动端	不详	广东	学生	产品 B	189	1
NO2020087	29	移动端	男	天津	学生	产品 B	189	1
NO2020027	19	PC 端	女	广东	医务人员	产品 A	299	1
NO2020010	14	PC 端	不详	浙江	医务人员	产品 A	299	1
…								

1. 分析客户的描述类信息

统计客户性别。

步骤一：打开客户订单数据表，在空白单元格输入“男”“女”及“不详”三项内容。

步骤二：在“男”后一单元格内输入“=COUNTIFS(D2:D61, " 男 ")”，在“女”后一单元格内输入“=COUNTIFS(D2:D61, " 女 ")”，在“不详”后一单元格内输入“=COUNTIFS(D2:D61, " 不详 ")”，结果如图 4–2 所示。

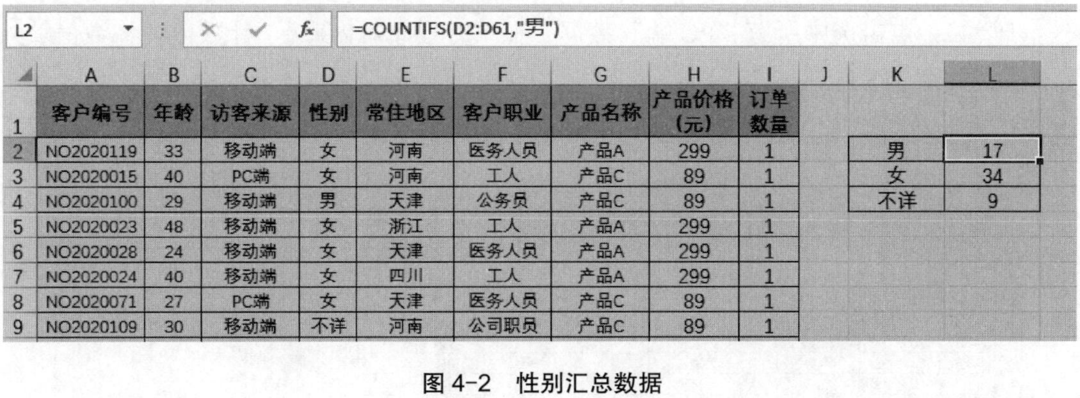
L2 =COUNTIFS(D2:D61,"男")

	A	B	C	D	E	F	G	H	I
1	客户编号	年龄	访客来源	性别	常住地区	客户职业	产品名称	产品价格（元）	订单数量
2	NO2020119	33	移动端	女	河南	医务人员	产品A	299	1
3	NO2020015	40	PC端	女	河南	工人	产品C	89	1
4	NO2020100	29	移动端	男	天津	公务员	产品C	89	1
5	NO2020023	48	移动端	女	浙江	工人	产品A	299	1
6	NO2020028	24	移动端	女	天津	医务人员	产品A	299	1
7	NO2020024	40	移动端	女	四川	工人	产品A	299	1
8	NO2020071	27	PC端	女	天津	医务人员	产品C	89	1
9	NO2020109	30	移动端	不详	河南	公司职员	产品C	89	1

K	L
男	17
女	34
不详	9

图 4–2　性别汇总数据

步骤三：选中性别汇总数据，插入饼图，整理得出客户性别数据，结果如图 4–3 所示。

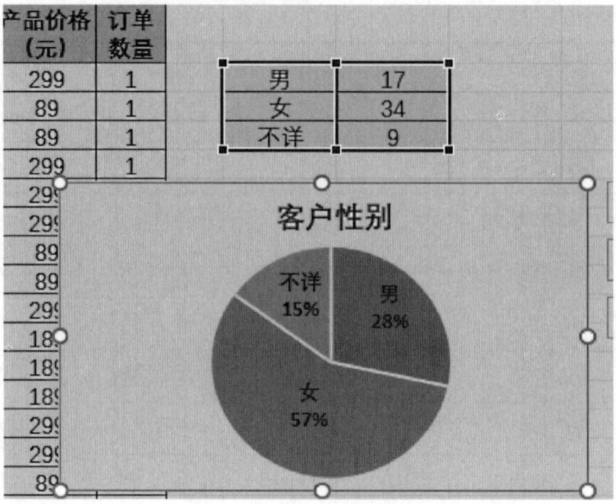

图 4-3　客户性别数据

2. 分析客户的行为类信息

统计访客来源。

步骤一：打开客户订单数据表，选中整个数据表，点击“数据”—“排序”，对“访客来源”进行排序，如图 4-4 所示。

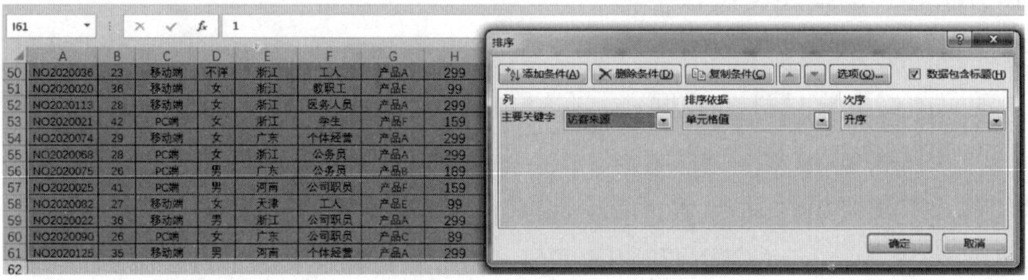

图 4-4　访客来源排序

步骤二：点击选中所有“PC 端”数据，在下方显示“PC 端”计数值，将数值填入汇总表，如图 4-5 所示。

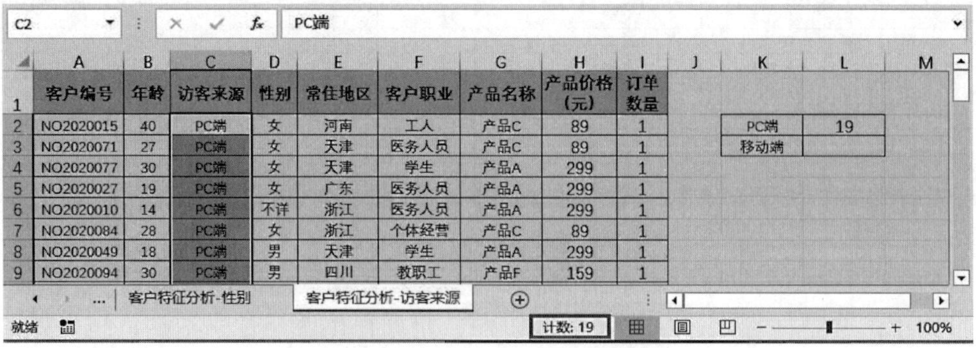

图 4-5　访客来源汇总数据

步骤三：按步骤二方法，汇总“移动端”计数值，将数值填入汇总表，并制作饼图，得出访客来源，如图 4-6 所示。

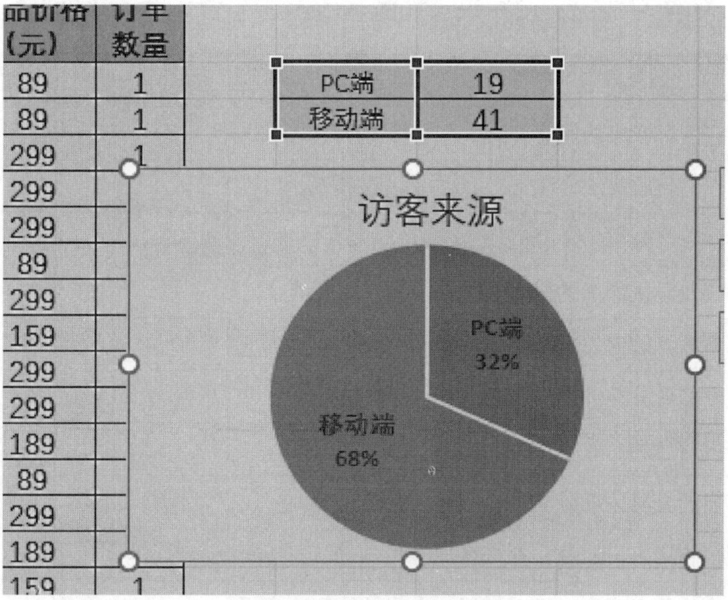

图 4-6　访客来源数据

3. 分析客户的关联类信息

选择分析客户描述类信息和行为类信息的任一方法，统计产品订单数据，分析客户产品喜好，结果如图 4-7 所示。

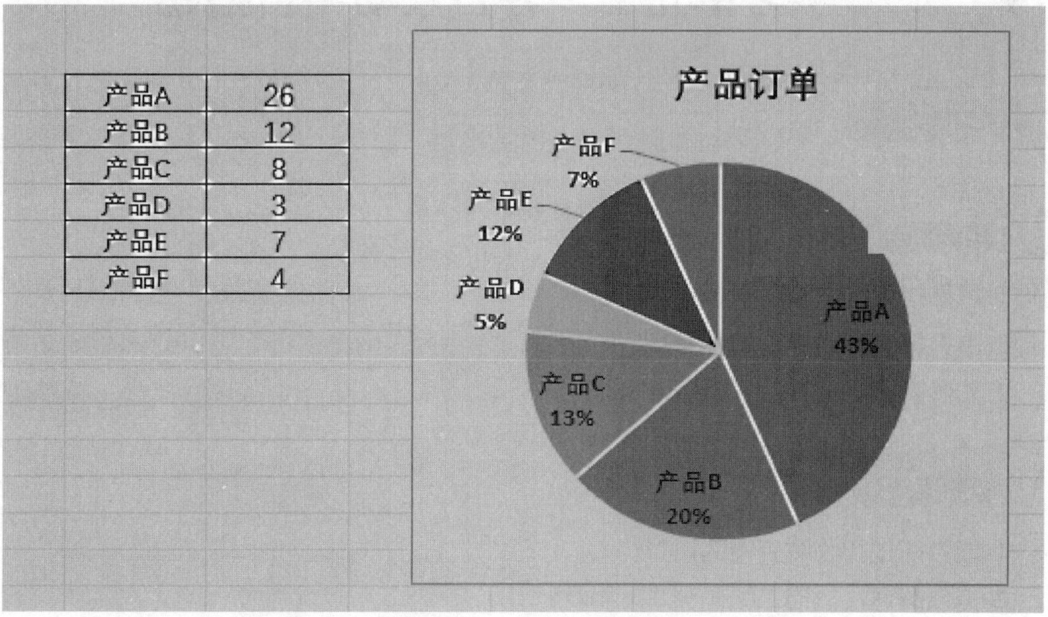

图 4-7　产品订单数据

学习评价

根据本单元的学习情况，按知识、技能、素养三个指标进行评价。

评价类别	评价内容	配分
知识	客户信息收集的概念	5 分
	客户信息收集的方法	5 分
	客户信息分类	10 分
	客户差异化维护的概念	10 分
技能	客户信息的自主渠道收集	15 分
	客户信息的外部渠道收集	10 分
	客户信息的有效分类	10 分
	客户的差异化细分	10 分
素养	规范收集客户信息，保护客户隐私	15 分
	良好的服务意识、规范意识、自我情绪管理意识	5 分
	严谨、细致的工作态度和敬业精神	5 分
合计		100 分

学习单元二　客户互动平台搭建

学习目标

知识目标

1. 掌握搭建客户互动平台的意义。
2. 掌握客户互动平台的种类。
3. 熟悉搭建客户互动平台的方法。

技能目标

1. 能熟练进行收藏店铺的设置。
2. 能熟练通过扫描二维码分享社群。
3. 能熟练完成客户社群搭建。

素养目标

1. 具有耐心倾听客户需求、礼貌地与客户沟通的职业素养。
2. 具有良好的服务意识、规范意识、自我情绪管理意识。
3. 具有严谨、细致的工作态度和敬业精神。

导 语

小张是某电商平台旗舰店的工作人员，近期接到客服反映，有客户提出希望及时获得网店新品信息。主管让小张搭建客户互动平台，实现与老客户进行信息互动，发布新品信息、促销信息、产品知识以及宣传品牌等功能，并且通过互动平台开发新客户。

思考：

1. 客户互动平台有哪些？
2. 如何利用客户互动平台吸引客户的持续关注？

相关知识

一、搭建客户互动平台的意义

网店在维护客户关系的过程中，通过搭建客户互动平台，可以增强客户与客服之间的信息互动性，从而将网店的信息有效地推送出去，增加客户对网店的关注度，最终达到维护客户的目的。常用的客户互动平台有阿里旺旺群、QQ 群、微信群等。

二、搭建客户互动平台的方法

1. 通过点击店铺收藏搭建

店铺收藏数的多少是一个店铺热度的衡量标准。在同类店铺中，收藏数多的店铺往往曝光率和排名要比其他店铺高得多，店铺收藏数越多，在淘宝聚宝盆首页或查看收藏数页面显示的概率越大，从而增加商品的曝光率，为店铺带来客源和浏览量。

2. 通过扫描二维码搭建

店铺收藏是客户主动建立的连接，是基于老客户的互动。商家需要主动推广才能让更多的客户知晓店铺。商家可以运用二维码实现向新客户的推广，将店铺二维码发布至店铺会员群、红包群、新品推广群、折扣群等，让老客户拉新，搭建与新客户的互动桥梁。

3. 通过组建社群搭建

社群是指基于移动互联网和社交媒体，拥有相同兴趣或价值观的人突破时间、空间限制聚合而成的能实时互动的群体。借助移动互联网的优势，社群成为连接企业与用户的最短路径和最经济的手段。

社群是因社群成员间的联系而形成的，社交媒体在其中发挥的是交流平台的作用，社群成员在社群中自由交流与沟通，一旦社交媒体账号在社交媒体上发布消息，社群内部就会产生相关话题。社群体系如图 4–8 所示。

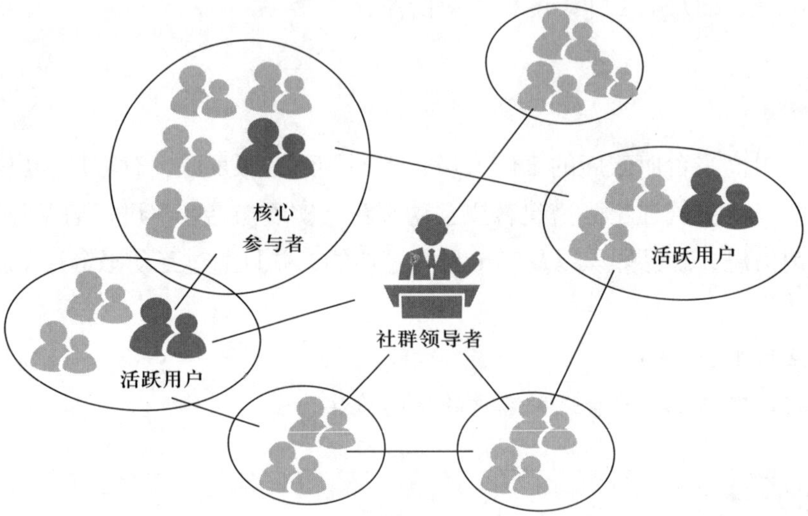

图 4–8　社群体系

如果客服能够整合客户资源创建一个社群，如 QQ 群、微信群，主动在群内与客户进行交流，同时鼓励客户分享自己的产品使用心得，那么当商家与客户、客户与客户之间形成一种互相信任的关系之后，营销会更加轻松，销量也会提升。基于 QQ 与微信的社群生态体系如图 4–9 所示。

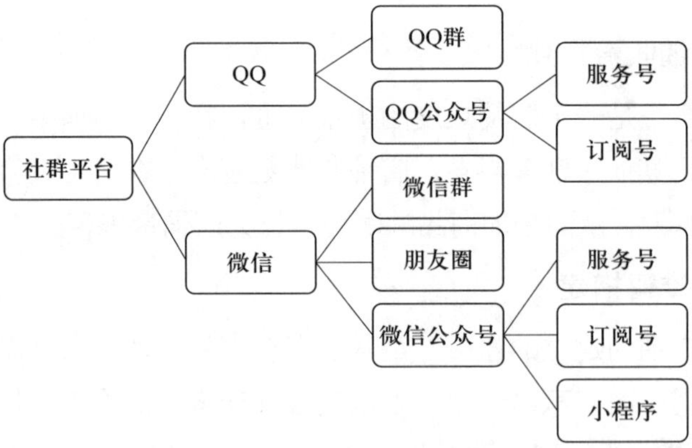

图 4–9　基于 QQ 与微信的社群生态体系

客服可以在社群里发布店铺的上新、优惠消息，客户之间可以互相交流产品的相关信息。由于社群里的客户都是老客户，对网店十分信任，因此在与老客户友好交流的过程中，不仅有利于自家产品的宣传和推广，而且很容易促成二次销售，有效提升商品的销量。QQ 群与微信群社群平台对比见表 4–4。

表 4–4　　QQ 群与微信群社群平台对比

对比项目	QQ 群	微信群
群定位	较多基于陌生人的社交圈；群内人员为有目的聚集，信息更开放、更公开	较多基于熟人的社交圈；群内信息真实，但私密性更强
群人数	500 人的群可创建多个，1 000 人的群可创建 8 个；超级会员可以组建 4 个超级群，每个群 2 000 人。用户加群难度较低	最多 500 人，创建 200 人以上的群需要用户实名。用户加群难度较低
群结构	金字塔结构：有群主，群主可以设立管理员，只有管理员批准才能入群。群管理员拥有比普通群员更大的权限，如批准新成员、淘汰老成员、群发群邮件、群发群文件、修改群信息等	环形结构：有创建者，群组里的成员是平等的关系；实行邀请制，每个成员都有邀请别人入群的权限，但只有创建者可以“踢”人，其他人不能“踢”人
群功能	功能完善，可传文件，有公告板、相册、文件共享、演示共享，基本不屏蔽其他网站链接	传文件的效率不高，会屏蔽部分网站的链接
群信息	群内信息可以回顾查看，但是容易被屏蔽，群文件、图片信息等可以长期保存	群内信息无法完全屏蔽（只能设置为免打扰），信息可以回顾查看，群文件、图片信息等不可以长期保存
群推广	推广方便，可以通过群名称、标签、账号等查找加群	推广较困难，不可以通过群基本信息查找
群分享	群内信息分享需要先下载，再通过 QQ 空间等方式分享	群内信息可以直接分享到朋友圈
玩法	有很多趣味玩法，如匿名、群等级、改名、群@、禁言、群投票、群作业、群活动等，支持发红包	最有趣的玩法就是打赏红包

以 QQ 群为例，可以分为知识类社群、培训类社群、垂直类社群、分享类社群、地域类社群、强兴趣类社群等（见表 4–5）。

表 4–5　　不同类型 QQ 群功能运用

社群类型	功能运用
知识类社群	借助群论坛、群相册、兴趣部落等功能，可以让社群成员在即时讨论的基础上进行长期、深入的讨论
培训类社群	借助群视频功能可以轻松实现对成员进行视频授课，还可以用作业功能给成员布置功课
垂直类社群	借助群投票功能设置并确定线上活动或线下活动的主题
分享类社群	借助群文件实现成员之间信息共享
地域类社群	借助群活动功能，可以设置并开展成员线下交流会
强兴趣类社群	可以通过群公告向成员说明群规则，向成员发布专属活动通知

伴随着微信的发展，客户能够通过更便捷的方式获得网店和产品的最新信息，在一定程度上提升了客户的购物体验。微信平台对于维护客户关系、促进店铺销量有较大优势，网店客服应该鼓励客户加入微信群社群平台，既有利于客户推广营销信息、一对一服务客户，也能使客户拥有一个更好的购物体验。

工作实践

实训 1：设置收藏店铺

在淘宝网的店铺中实现收藏店铺功能。

步骤一：登录千牛卖家工作台。在左侧依次点击“店铺”—“店铺装修”—“手机店铺装修”/“PC 店铺装修”—“装修页面”，如图 4–10 所示。

图 4–10　装修页面

步骤二：进入“店铺装修”页面，点击“添加模块”进行页面布局，选中某一装修模块，右侧即显示功能按钮，点击“编辑”按钮，完成各页面模块编辑，如图 4–11 所示。

图 4–11　编辑各页面模块

步骤三：完成“店铺装修”，在页面的右上角，点击“预览”，查看店铺装修效果，如图 4–12 所示。

图 4-12　效果预览

步骤四：在预览页面右上角，可看到“收藏店铺”按钮，当客户点击时，就能收藏该店铺，如图 4-13 所示。

图 4-13　收藏店铺（1）

也可将鼠标放置在“店铺名称”处，可自动弹出“店铺信息”窗口，客户点击“店铺信息”下方的“收藏本店”即可收藏店铺，如图 4-14 所示。

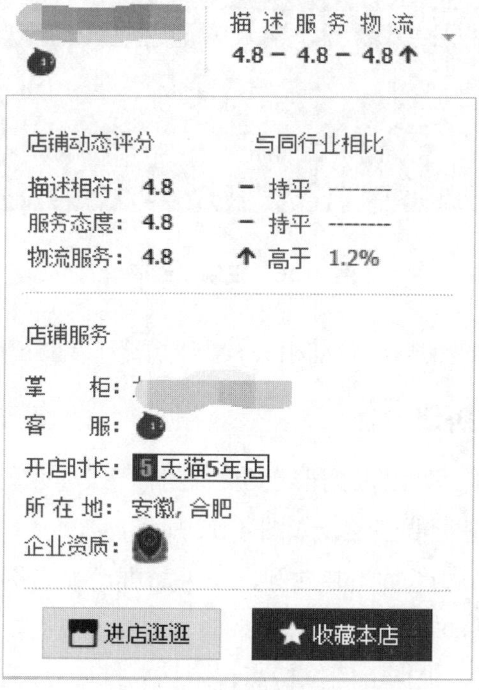

图 4-14　收藏店铺（2）

实训 2：通过扫描二维码分享社群

步骤一：进入店铺首页，右上角有店铺二维码，如图 4–15 所示。

图 4–15　店铺二维码

步骤二：将鼠标放置于二维码上，点击鼠标右键，在弹出的菜单中选择“复制图片”，如图 4–16 所示。

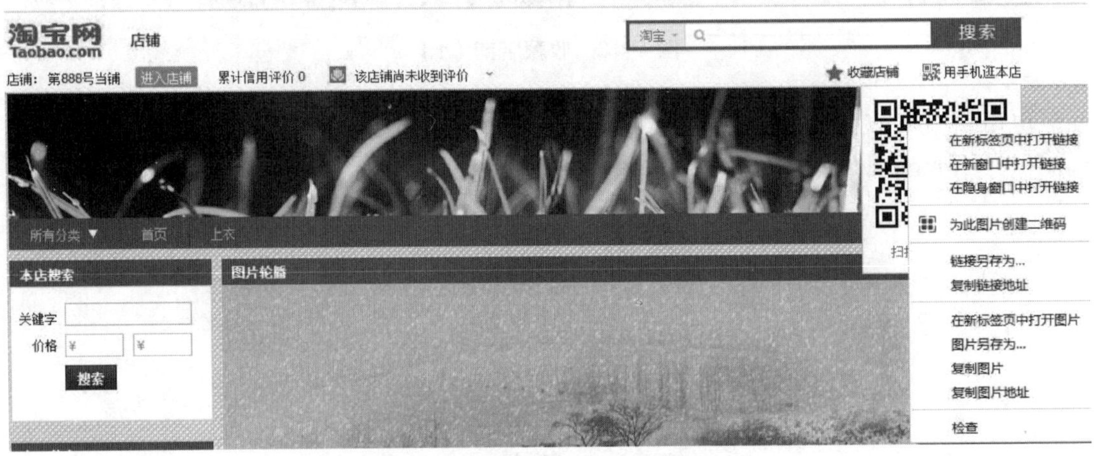

图 4–16　复制二维码

步骤三：将店铺二维码粘贴至店铺相关社群，进行店铺分享。

实训 3：QQ 社群搭建

步骤一：建立 QQ 群，可以根据群定位，选择“兴趣爱好”“行业交流”“生活休闲”“品牌产品”等类别进行群创建，如图 4–17 所示。

步骤二：以创建“品牌产品”群为例，完善品牌产品、群地点、群名称、群规模、加群验证、群公开等信息，如图 4–18 所示。

步骤三：推广 QQ 群，根据群定位特点，策划群推广方案，参考社群运营的基本路径和底层逻辑：拉新—激活—留存—变现—裂变，进行 QQ 群运营。

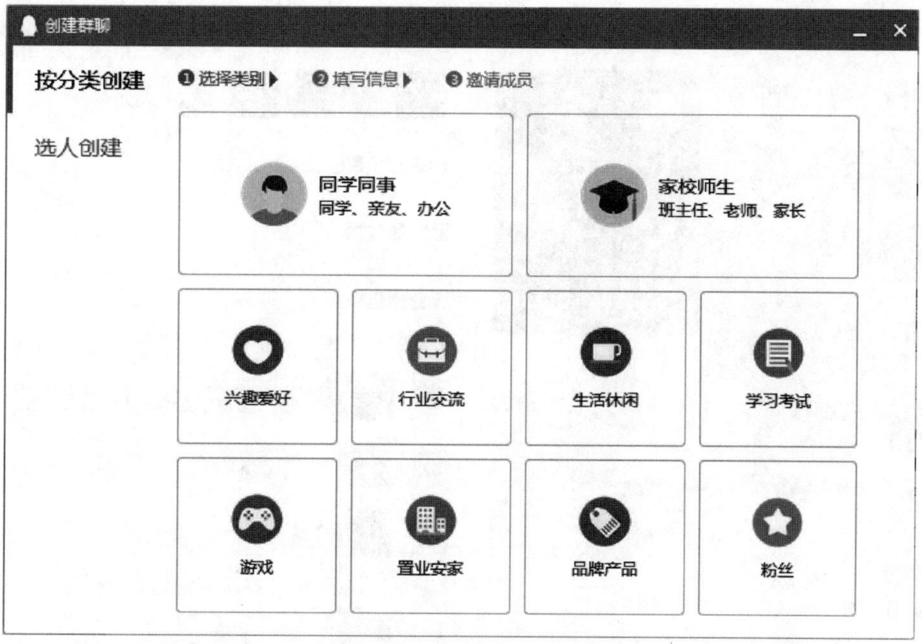

图 4-17　创建 QQ 群

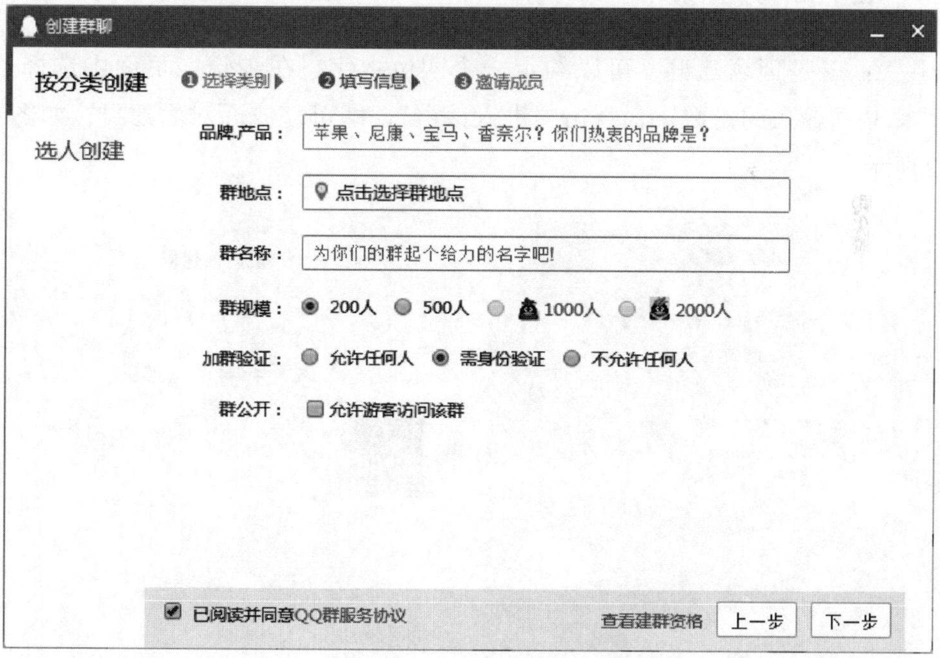

图 4-18　完善 QQ 群信息

实训 4：微信社群搭建

步骤一：打开微信，点击右上角“+”号，选择“发起群聊”，如图 4-19 所示。

步骤二：进入“发起群聊”页面，选择群联系人，完成建群，如图 4-20 所示。

图 4-19　发起群聊

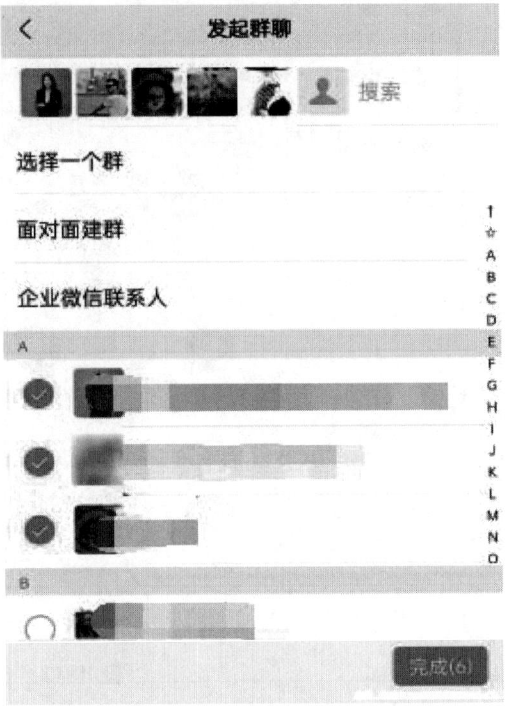

图 4-20　选择群联系人

步骤三：若是现场建群，可以约定一个四位数字，在步骤二页面中选择“面对面建群”，共同输入约定数字，点击“进入该群”，即可完成面对面建群，如图 4–21、图 4–22 所示。

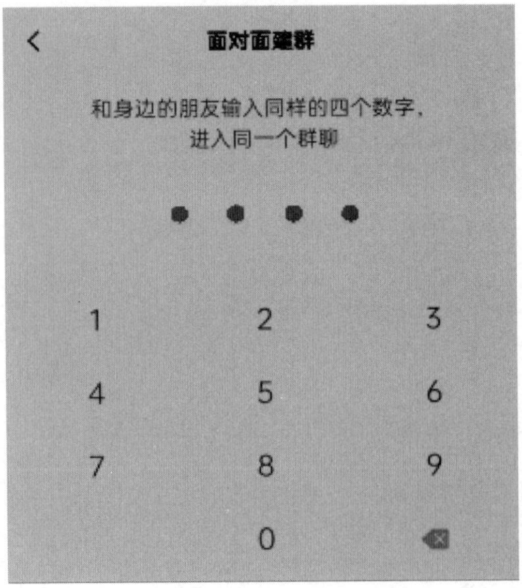

图 4-21　输入群口令

图 4-22　进入该群

步骤四：推广微信群，根据群定位特点，策划群推广方案，参考社群运营的基本路径和底层逻辑：拉新—激活—留存—变现—裂变，进行微信群运营。

学习评价

根据本单元的学习情况，按知识、技能、素养三个指标进行评价。

评价类别	评价内容	配分
知识	搭建客户互动平台的意义	10 分
	客户互动平台的种类	10 分
	搭建客户互动平台的方法	10 分
技能	设置收藏店铺	10 分
	通过扫描二维码分享社群	10 分
	完成客户 QQ 社群搭建	15 分
	完成客户微信社群搭建	15 分
素养	耐心倾听客户需求、礼貌地与客户沟通	8 分
	良好的服务意识、规范意识、自我情绪管理意识	6 分
	严谨、细致的工作态度和敬业精神	6 分
合计		100 分

学习单元三　客户满意度和忠诚度提升

学习目标

知识目标

1. 掌握客户满意度的概念。
2. 掌握客户忠诚度的概念。
3. 熟悉客户满意度和忠诚度的相关指标。
4. 掌握提升客户满意度和忠诚度的方法。

技能目标

1. 能通过指标准确衡量客户的满意度。
2. 能通过数据统计分析，测算客户的忠诚度。
3. 能根据不同的客户满意度给予正确回馈。
4. 能根据不同的客户忠诚度设计忠诚度提升方案。

素养目标

1. 具有耐心倾听客户需求、礼貌地与客户沟通的职业素养。
2. 具有良好的服务意识、规范意识、自我情绪管理意识。
3. 具有严谨、细致的工作态度和敬业精神。

导 语

小张是某电商平台旗舰店的工作人员，本年度的双十一购物狂欢节活动圆满结束，主管让小张整理销售资料，分析本次活动的客户满意度；另外，根据客户档案资料和后台历史数据，对老客户进行统计分类，划分出不同忠诚度的客户。

思考：

1. 如何衡量客户的满意度？
2. 对不同忠诚度的客户如何开展回馈营销？

相关知识

一、客户满意度的认识和衡量

1. 客户满意度的定义

客户满意度也称客户满意指数，它是一个相对概念，是客户期望值与客户体验的匹配程度。换言之，就是客户通过对一种产品可感知的效果与其期望值相比较后得出的指数。

进行客户满意度研究，旨在通过连续性的定量研究，获得客户对特定服务的满意度、再次购买率与推荐率等指标的评价，找出内外部客户的核心问题，发现最快捷、有效的改善途径，实现最大化价值。

2. 满意度指数分析

国际上比较权威的客户服务研究机构美国论坛公司投入数百名调查研究人员，用近10 年的时间对全美零售、银行、制造、保险等 14 个行业的近万名客户服务人员和这些行业的客户进行了细致深入的调查研究，发现一个可以有效衡量客户服务质量的 RATER 指数。RATER 指数可以作为客户满意度分析的一个参考。

RATER 指数是 5 个英文单词的缩写，即 reliability（信赖度）、assurance（专业度）、tangibles（有形度）、empathy（同理度）、responsiveness（反应度），而客户对于企业的满意程度直接取决于 RATER 指数的高低。

（1）信赖度

信赖度是指一个企业是否能够始终如一地履行自己对客户所作出的承诺，当这个企业真正做到这一点的时候，就会拥有良好的口碑，赢得客户的信赖。

（2）专业度

专业度是指企业的服务人员所具备的专业知识、技能和职业素质，如提供优质服务的能力、对客户的礼貌和尊敬程度、与客户有效沟通的技巧。

（3）有形度

有形度是指服务设施、环境、服务人员的仪表以及服务人员对客户的帮助和关怀等有形表现。服务本身是一种无形产品，但是整洁的服务环境、餐厅里为幼儿提供的专用座椅、某些餐厅带领小朋友载歌载舞的服务员等，都能使服务这一无形产品变得有形起来。

（4）同理度

同理度是指服务人员能够随时设身处地地为客户着想，真正地同情理解客户的处境、了解客户的需求。

（5）反应度

反应度是指服务人员对于客户的需求给予及时回应并能迅速提供服务的程度。当服务出现问题时，马上回应、迅速解决能够提升服务质量。

客户服务的满意度与客户对服务的期望值是紧密相连的，企业需要站在客户的角度不断地通过 RATER 指数来衡量自己所提供的服务，只有企业所提供的服务超出客户的期望值时，企业才能获得持久的竞争优势。

3. 影响客户满意度的主要因素

客户满意度是一个人通过对一个产品或一项服务的可感知的结果与他的期望值相比较后，所形成的愉悦或失望的感觉状态。客户满意或不满意的感觉及其程度受到以下四个方面因素影响。

（1）产品或服务让渡价值的高低

客户对产品或服务是否满意会受到产品或服务的让渡价值高低的重大影响。如果客户得到的让渡价值高于他的期望值，他就倾向于满意，差额越大越满意；反之，如果客户得到的让渡价值低于他的期望值，他就倾向于不满意，差额越大就越不满意。

（2）客户的情感

客户的情感同样可以影响其对产品或服务的满意度。这些情感可能是稳定的、事先存在的，如情绪状态和对生活的态度等。非常愉快的时刻、健康的身心和积极的思考方式，都会对所体验的服务的感觉有正面影响；反之，当客户正处在一种恶劣的情绪中，消沉的情感将被其带入对服务的反应，并导致其对小问题都会挑剔或感觉失望。

（3）对服务成功或失败的归因

这里的服务包括售前、售中和售后服务。归因是指对一件事感觉上的原因。当客户被一种结果（服务比预期好或坏太多）震惊时，他们对原因的评定能够影响其满意度。

（4）对平等或公正的感知

客户满意度还会受到对平等或公正感知的影响。对平等或公正的感知是客户对产品或服务满意度感知的中心。如与其他客户相比是不是被平等对待了；别的客户是否得到比自己更好的待遇、更合理的价格、更优质的服务；自己为产品或服务付出的价格是否合理；以自己所花费的金钱和精力，得到的比其他客户多还是少。

二、客户忠诚度的认识和衡量

1. 客户忠诚度的定义

客户忠诚度也称顾客忠诚度，是指客户忠诚的程度。它是一个量化概念，是指由于质量、价格、服务等诸多因素的影响，客户对某一企业的产品或服务产生感情，形成偏爱并长期重复购买该企业产品或服务的程度。

也有专家认为，客户忠诚度是指客户出于对企业或品牌的偏好而经常性重复购买的程度。客户忠诚度与客户满意度的不同之处在于，客户满意度是评量过去的交易中满足客户原先期望的程度，而客户忠诚度则是评量客户重复购买及参与活动的意愿。

2. 忠诚度指数分析

客户忠诚度又称客户黏度，是指客户对某一特定产品或服务产生了好感，形成了“依附性”偏好，进而重复购买的一种趋向。衡量忠诚度的指数主要有客户的情感忠诚、行为忠诚和意识忠诚三项。其中，情感忠诚表现为客户对企业的理念、行为和视觉形象的高度认同和满意；行为忠诚表现为客户再次消费时对企业的产品或服务的重复购买行为；意识忠诚则表现为客户作出的对企业的产品或服务的未来消费意向。

客户忠诚度也可以量化，一般可运用以下三个主要指标来衡量顾客忠诚度。

（1）整体的顾客满意度，可分为很满意、比较满意、满意、不满意、很不满意。

（2）重复购买的概率，可分为 70% 以上、30%～70%、30% 以下。

（3）推荐给他人的可能性，可分为很大可能、有可能、不可能。

三、客户满意度的提升

造成客户不满意的原因主要有：产品无法满足客户新的需求，出现客户服务请求时无法及时解决，问题解决结果与客户期望有偏差，客服的服务水平有限，在客服工作时间之外无法得到期望的技术支持等。以上问题无法解决就会大大降低客户的满意度，从而给企业的可持续发展造成极坏的影响。

提升客户满意度可以采取以下措施。

1. 记录客户需求

客服在工作中可以将客户提出的所有期望都记录下来，定期汇总并提交相关部门，分析客户对企业服务的期望、对产品新功能的需求以及期望推出的新产品，为企业研发新产品或新功能提供重要的参考依据，以持续性地提高客户的满意度。

2. 及时有效地解决客户问题

在遇到客户投诉或提出服务请求时，要快速明确问题，及时解决或反馈处理进度，及时给客户回应，尽最大努力让问题解决结果与客户期望无偏差。企业可以利用客户关系管理系统等记录跟进客户问题，系统可以自动记录客户提交问题时间、总处理时长、是否解决等信息，可以随时提醒客服尽快解决问题，也可以在超时未解决的情况下通知相关负责人，有效缩短了问题的处理时长。通过高级客户访问功能，客户能够随时知道问题的最新处理进度。在处理完问题后，系统自动发送通知邮件告知客户，并自动收集客户的确认意向及是否满意，可以大大提升客户的满意度。

3. 建立且不断完善检索方便的知识库和话术库

客服的专业水平和服务水平直接关系着企业的客户服务水平。企业可以建立并不断更新客服知识库、话术库，定期对客服进行培训和考核，让每名客服都能熟练使用知识库和话术库，会快速查找所需信息，能够得体回复客户。

4. 建立自助客服功能

理想的客户服务是 7×24 小时全天候服务，但企业成本会较高，因此企业可以尝试建立在线知识库和在线机器人客服反馈机制。在线知识库支持客户自己查询问题的解决办法，而在线机器人客服支持客户在没有客服的情况下自助提交服务请求，使客户能随时享受到客户服务。

四、客户忠诚度的提升

提高客户忠诚度有以下十大途径。

1. 提高产品质量，合理定价

产品质量是企业开展优质服务、提高客户忠诚度的基础。只有过硬的高质量产品，才能真正在客户心目中树立起“金字招牌”。此外，要合理地制定产品价格。企业要坚决摒弃追求暴利的短期行为，要尽可能做到按客户的“预期价格”定价。所谓预期价格，即大多数客户对某一产品的心理估价。如果企业定价超出预期价格，客户会认为价格过高，名实不符，从而削弱购买欲望；如果企业定价达不到预期价格，客户又会对产品的性能产生怀疑而放弃购买。

2. 了解企业的产品

企业要让客服充分地了解企业的产品，从而正确传递产品知识和提供优质服务，赢得客户的信赖。同时，客服应该及时掌握企业产品的优惠信息等，预测客户可能会提出的问题。

3. 了解企业的客户

企业应该尽可能多地了解客户的情况，以提供更符合客户需求和消费习惯的产品和服务并及时发现客户的不满及问题根源所在。

企业了解客户的服务预期和接受服务的方式等，会使服务更加顺利、服务时间缩短、服务失误率下降。

4. 提高服务质量

企业的每位员工都应该致力于为客户创造愉快的购物体验，并努力做得更好，超越客户的期望值。对企业服务感到满意的客户会对企业做正面宣传，而且会将企业推荐给亲朋好友，成为企业的义务市场推广人员。许多企业特别是一些小型企业，就是靠客户的不断宣传而发展起来的。

5. 提高客户满意度

客户满意度在一定意义上是企业经营质量的衡量方式。通过客户满意度调查、面谈等，真实了解企业的客户目前最需要的是什么，什么对他们最有价值等，并采取各种措施提升客户满意度。

6. 超越客户期待

不要满足于基本的和可预见的水平，要向客户提供其期待的甚至是有意外惊喜的高标准服务。给予客户超出“正常需要”的更多选择。

7. 满足客户的个性化需求

企业必须改变大众营销的思路，注意满足客户的个性化需求。要做到这一点就必须尽量利用各种机会来获得更全面的客户信息，分析客户的语言和行为，从而满足客户的个性化需求。

8. 正确处理客户投诉

要想与客户建立长期的相互信任的伙伴关系，就要善于处理客户的投诉。有条件的企业应鼓励客户提出诉求，并设法解决各种问题。

有研究表明，得到满意解决的投诉者，与从没有投诉的客户相比，更容易成为企业忠诚的顾客。客户的投诉可以成为企业改善业务的最好路标。

9. 让购买流程变得简单

无论在商店里还是网站上，购买的程序越简单越好。简化一切不必要的步骤，帮助客户找到他们需要的产品，并制定标准、简化的服务流程。

10. 服务内部客户

内部客户是指企业的雇员。内部客户得到了好的服务，有了归属感，会以更高的效率工作，使外部客户接受到更好的服务，从而提高客户忠诚度。

工作实践

实训 1：客户满意度数据收集

某电商平台旗舰店本年度的双十一购物狂欢节活动圆满结束，小张需要根据评价及客户反馈对本次活动的客户满意度进行统计分析。为了更好地测评满意度，小张决定通过发放有奖调查问卷的方式进行满意度数据收集。

步骤一：策划奖励机制。为提高满意度调查问卷回收率，设置完成奖励，如返现金红包、返购物券、提供专属超低折扣品、发放店铺购物券等，挑选其中一种，设计制作奖励券，如图 4–23 所示。

图 4–23 奖励券制作

步骤二：设计满意度调查问卷。问卷题目要简单明确，题目不宜过多，核心问题应包括最满意的商品、最希望的优惠方式。

步骤三：在网店后台完成奖励券设置。

步骤四：设置交易完成后自动发放调查问卷的程序，或由网店客服人工发放调查问卷，并在完成问卷后自动发送奖励券。

实训 2：客户忠诚度分析

在网店后台获取销售订单数据，从销售数据中提取每个订单的用户名并汇总，如图 4–24 所示。

用户名	用户名	用户名
英芈elie8	凝Tlfl	菱玲flif13
妙之ein	文霞ircl	alwa587
柳妍y74	华芝ktot58	红螺rstm13
雨more31	杏雅the	哆啦A梦
妍静emor5	雨凝ori	怜gain45
之慕nlov5	颜英sea	妙之ein
童书ores	凝冰ntle	梅珊anyt00

客户忠诚度分析-原始数据

图 4–24 销售订单用户名汇总

步骤一：打开客户忠诚度分析表，选中所有数据区域，插入数据透视表，将“行”与“值”均设置为“用户名”，统计客户购买频次，如图 4–25 所示。

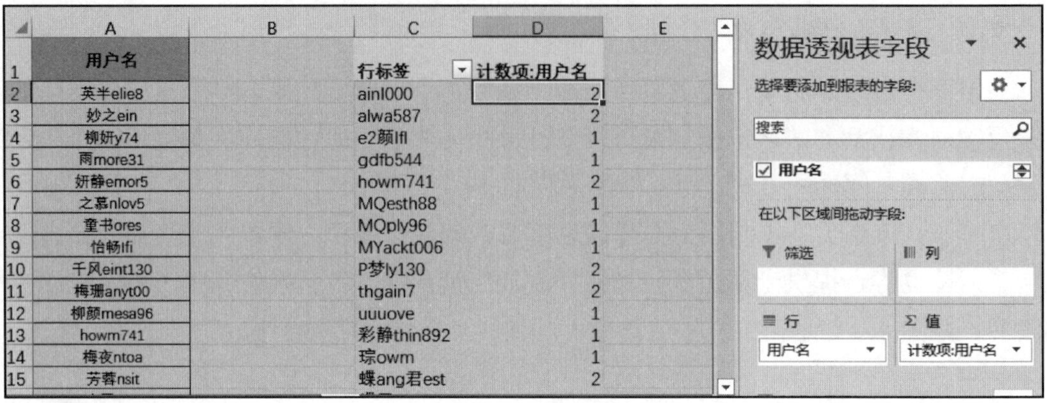

图 4–25　数据透视表

步骤二：对客户购买频次透视表中的“行标签”进行“值筛选”，并设置为“大于或等于 2”，如图 4–26、图 4–27 所示。

图 4–26　值筛选

图 4-27　值筛选设置

步骤三：通过步骤一可知客户总数量为 64，通过步骤二可知其中重复购买的客户数为 27，由此可计算出客户重复购买率约为 42.19%，客户具有较高的客户忠诚度，结果如图 4-28 所示。

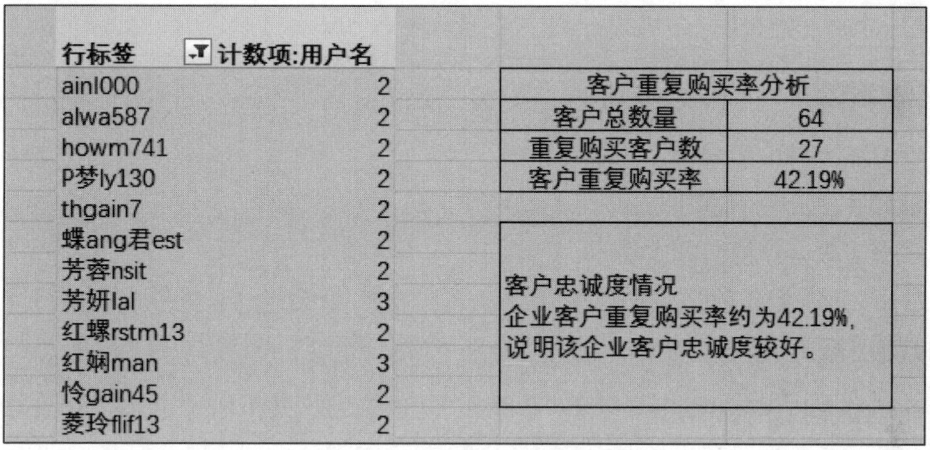

图 4-28　客户忠诚度分析

学习评价

根据本单元的学习情况，按知识、技能、素养三个指标进行评价。

评价类别	评价内容	配分
知识	客户满意度的概念	5 分
	客户忠诚度的概念	5 分
	客户满意度和忠诚度的相关指标	10 分
	提升客户满意度和忠诚度的方法	10 分
技能	通过指标准确衡量客户的满意度	10 分
	通过数据统计分析，测算客户的忠诚度	10 分
	根据不同的客户满意度给予正确回馈	15 分
	根据不同的客户忠诚度设计忠诚度提升方案	15 分

续表

评价类别	评价内容	配分
素养	耐心倾听客户需求、礼貌地与客户沟通	8 分
	良好的服务意识、规范意识、自我情绪管理意识	6 分
	严谨、细致的工作态度和敬业精神	6 分
合计		100 分

学习单元四　流失客户挽回

学习目标

知识目标

1. 掌握流失客户的定义。
2. 掌握客户流失的原因。
3. 掌握流失客户挽回的方法。

技能目标

1. 能熟练查找出流失客户。
2. 能分析客户流失的具体原因。
3. 能针对流失原因进行客户挽回。

素养目标

1. 具有耐心倾听客户需求、礼貌地与客户沟通的职业素养。
2. 具有良好的服务意识、规范意识、自我情绪管理意识。
3. 具有严谨、细致的工作态度和敬业精神。

导　语

小张是某电商平台旗舰店的工作人员，本年度的双十一购物狂欢节活动圆满结束，主管让小张整理客户资料，查找出流失的重要客户，并计划在后续开展重要流失客户挽回活动。

思考：

1. 重要客户是忠诚度高的客户吗？
2. 哪些情况会导致忠诚度高的客户流失？

相关知识

一、客户流失的原因

1. 流失客户的定义

流失客户是指那些使用过产品或服务，由于对产品或服务失去兴趣等原因，不再使用产品或服务的客户。

根据流失客户所处的客户生命周期阶段不同，可以将流失客户分为考察阶段流失客户、形成阶段流失客户、稳定阶段流失客户和衰退阶段流失客户。

根据客户流失的原因不同，可以将流失客户分成以下四类。

第一类流失客户是自然消亡类。客户由于破产、迁徙等原因无法再接受企业的产品或服务，或者客户目前所处的地理位置位于企业产品或服务的覆盖范围之外。

第二类流失客户是需求变化类。因为客户自身的需求发生了变化，客户终止与该企业的客户关系。需求变化类客户的大量出现，往往是伴随着科技进步和社会习俗的变化而产生的。

第三类流失客户是趋利流失类。因为受企业竞争对手的营销活动吸引，客户终止与该企业的客户关系，而成为企业竞争对手的客户。

第四类流失客户是失望流失类。因为对该企业的产品或服务不满意，客户终止与该企业的客户关系。

2. 客户流失原因分析

在现实经济生活中，因为竞争对手的原因造成的客户流失量是很少的，而由于企业自身的原因或多种综合因素叠加造成的客户流失占绝大部分。

趋利流失类客户和失望流失类客户有可能挽留成功。因趋利流失的客户主要是受企业竞争对手营销活动吸引。

因失望流失的客户其原因可能是多方面的。

（1）该企业的产品或服务价格偏高。

（2）客户感到该企业的产品主要性能不足或服务不足。其中，服务不足通常表现为不回答客户问题、随意回答客户问题、回答客户问题时与客户争执、把产品或服务缺陷的责任归于客户误操作等。

（3）其他方面，如未能处理好投诉（不及时或不恰当）、消极的服务接触（不能尽力满足客户需求）、不适的事件（服务不好的事件）、伦理道德问题（客户认为企业有违法违规问题）等。

二、流失客户挽回的方法

客户流失的原因不同，客户挽回的成功概率不同，客户挽回的价值也不同。挽回的重点应选择失望流失类客户；对于自然消亡类客户和需求变化类客户，一般来说，企业的挽回策略是无效的，因此不适合选为挽回对象。但对有实力的企业来说，如果流失的客户群对企业的生存和发展非常关键，也可以通过扩展业务范围或研发创新产品等方法加以挽回。

挽回流失客户通常有以下几个方法。

1. 了解流失原因

可以通过问卷调查、打电话等方式询问客户的相关信息和感受，总结客户流失的原因。要经常分析客户当前的数据以及客户的历史数据，避免因信息不完备而误将潜在的价值客户认作必然流失的客户，从而放弃挽回的努力。

2. 掌握客户需求

要让已经流失的客户回头是比较困难的，因此企业必须抓住重点，跟踪那些值得挽回的核心客户，了解他们的动态和真正需求。

3. 提供有吸引力的产品

如果客户流失是因为产品问题，那么可以向客户承诺会提供更好的产品，并应坚持维护，定期发信息，从客户需求出发介绍产品，及时将好的产品告知客户，直至打动客户，争取再以产品吸引客户回流。

4. 加强后续服务

挽回流失客户最好的方法是服务补救，也就是对已流失的客户采取“超满意服务”措施，最大限度地使客户由不满意变为满意，由不信任到信任，最终挽回客户。

工作实践

实训 1：统计流失客户

商家通过网店后台收集客户销售数据，整理出一段时间内（可以商品使用周期为衡量标准）未再次访问网店的客户，即可认定为流失客户。

流失客户变化见表 4–6。

表 4–6　　流失客户变化

日期	总客户数	流失客户数	客户流失率
2020.3.1	325 694	228 451	
2020.3.2	326 127	228 925	
2020.3.3	326 789	229 507	
2020.3.4	326 297	230 023	
2020.3.5	326 913	230 618	
2020.3.6	327 514	231 209	
2020.3.7	328 163	231 672	

$客户流失率 = \frac{流失客户数}{总客户数} \times 100\%$，客户流失率计算结果如图 4-29 所示。

=C2/B2

日期	总客户数	流失客户数	客户流失率
2020.3.1	325694	228451	70.14%
2020.3.2	326127	228925	70.20%
2020.3.3	326789	229507	70.23%
2020.3.4	326297	230023	70.49%
2020.3.5	326913	230618	70.54%
2020.3.6	327514	231209	70.60%
2020.3.7	328163	231672	70.60%

图 4-29　客户流失率

实训 2：设计挽回流失客户方案

请分别为趋利流失类客户和失望流失类客户制定一个客户挽回方案。

1. 趋利流失类客户挽回方案

（1）策划专项促销方案

____

（2）设计促销广告语

____

（3）制作促销广告图

____

2. 失望流失类客户挽回方案

（1）制定产品质量管控细则

____

（2）制定投诉处理办法

____

（3）制定产品质量问题赔偿方案

____

学习评价

根据本单元的学习情况，按知识、技能、素养三个指标进行评价。

评价类别	评价内容	配分
知识	流失客户的定义	10 分
	客户流失的原因	10 分
	流失客户挽回的方法	15 分
技能	查找出流失客户	15 分
	分析客户流失的具体原因	15 分
	针对流失原因进行客户挽回	15 分
素养	耐心倾听客户需求、礼貌地与客户沟通	8 分
	良好的服务意识、规范意识、自我情绪管理意识	6 分
	严谨、细致的工作态度和敬业精神	6 分
合计		100 分

模块五 客户服务管理

学习单元一 客户服务质量提高

学习目标

知识目标

1. 掌握客户服务质量的含义。
2. 掌握客户服务质量的评价指标和测定方法。
3. 掌握客户服务质量的提高方法。

技能目标

1. 能测定客户服务质量。
2. 能评价客户服务质量。
3. 能使用多种方法提高客户服务质量。

素养目标

1. 具有积极的服务态度。
2. 具有主动服务和承担责任的意识。

导 语

客户服务不仅是企业的命脉，更是电子商务企业的窗口和形象。高质量的客户服务会给企业带来更多的客户，会让客户感到安心，对产品的使用也会更放心。优质的客户服务对电子商务企业的发展非常重要。因此，提高客户服务质量是一项非常重要的任务。

思考：

1. 什么是客户服务质量？

2. 如何提高客户服务质量？

相关知识

一、客户服务质量的含义

客户服务质量是指客户对所接受服务的感知体验与对服务的期望相比较后得到的感受。也就是说，客户服务质量并不完全由企业决定，而与客户的感受有很大的关系。因此，客户服务质量管理要以客户的需求为基础，以企业的策略为条件，以客户的感受为结果。

1. 客户需求具有多样性

随着社会的进步和人们生活水平的提高，客户的需求越来越个性化、多样化，其主要特点表现为广泛性、个体性、情感性、多样性、差异性、易变性以及关联性，形成复杂的客户需求生态体系。企业应把握客户需求的基本变化规律，在满足客户个性化、多样化需求的同时，提升服务质量，营造企业良好发展环境。

2. 服务质量体现以客户满意为导向的价值观

客户服务要以最专业的客服队伍，及时、全方位地关注客户的每一个服务需求，并通过提供广泛、全面和快捷的服务，赢得客户认可和信赖。

3. 连贯性是服务质量的基本特性

连贯性是服务质量的基本要求之一。它要求服务提供者在任何时候、任何地点都保持同样的优良服务水平。服务标准的执行是最难管理的服务质量问题之一。对于一个企业而言，服务的分销网络越分散，中间环节越多，服务质量越依赖于员工的行为，保持服务水平一致性就越难。

二、客户服务质量的评价指标和测定方法

1. 客户服务质量的评价指标

评价客户服务质量的5个指标是根据服务质量差距模型归纳出来的，分别是有形性、可靠性、响应性、安全性和移情性。

（1）有形性

有形性是指服务被感知的部分，如提供服务用的各种设施等。由于服务的本质是一种行为过程，而不是某种实物形态，因而具有不可感知的特征。客户正是借助有形的、

可见的部分来把握服务的实质。有形部分提供了有关服务质量本身的线索，同时也直接影响到客户对服务质量的感知。

（2）可靠性

可靠性是指服务提供者准确无误地完成所承诺的服务。可靠性是最重要的客户服务质量评价指标，与核心服务密切相关。

可靠性要求避免服务过程中出现失误，如果企业在向客户提供服务的过程中，因某种原因而出现差错，不仅会给企业造成直接经济损失，而且会损害企业的形象，使企业失去潜在的客户，而这种损失是无法估量的。

（3）响应性

响应性主要是指反应能力，即随时准备为客户提供快捷、有效的服务。对客户的各项要求能否予以及时满足，表明企业的服务导向，即是否把客户利益放在第一位。服务传递的效率是企业服务质量的一个重要反映，客户往往非常在意等候服务时间的长短，并将其作为衡量服务质量好坏的重要标准。因此，企业应尽可能缩短客户等待时间，提高服务传递的效率。

（4）安全性

安全性是指客服良好的服务态度和胜任工作的能力。客服良好的服务态度会使客户感到心情愉快，自然会影响客户的主观感受，从而影响客户对服务质量的评价。客服具备渊博的专业知识，能够胜任服务的工作，会使客户对企业及其提供的产品产生信心，并对获得满意的服务感到愉快。

（5）移情性

移情性是指企业和客服能设身处地为客户着想，努力满足客户的需求。这便要求客服想客户之所想，急客户之所急，了解客户的实际需求，想方设法予以满足，给予客户充分的关心和体贴，使服务过程充满人情味。

2. 客户服务质量的测定方法

对服务质量评分量化的步骤如下。

第一步：选取服务质量的评价标准。

第二步：确定各项标准的权数。

第三步：对每项标准设计 4～5 个具体问题。

第四步：制作问卷。

第五步：发放问卷，请客户逐条评分。

第六步：对问卷结果进行综合统计。

第七步：根据客户期望值模型分别测算出预期服务质量和感知服务质量。

第八步：确定服务质量，即服务质量 = 预期服务质量 − 感知服务质量。数值越大，表明服务质量越差；相反，数值越小，则表明服务质量越好。

三、客户服务质量的提高方法

客户服务质量是客户的切实感受，提高客户服务质量是所有企业永远追求的目标。提高客户服务质量可以促进企业良性循环发展；提高客户服务质量有利于树立企业形象，增加产品的竞争力和附加值；提高客户服务质量有利于促进客服不断地提升自身的素质与服务水平。提高客户服务质量，可以从以下几个方面入手。

1. 提高主动服务意识。
2. 提高工作责任意识。
3. 多为客户着想。
4. 从细节着手，做好每一项工作。
5. 与客户之间建立反馈机制。
6. 齐心协力，做好服务工作。

工作实践

实训：客服服务能力分析

根据给定的客服服务数据（见表 5–1），分析客服服务能力。

表 5–1 客服服务数据

客服名称	客服未回复人次	客服答问比	客服回复率（%）	平均响应时长（秒）
小张	3	1.02	99.70	52.20
小王	0	1.10	100.00	46.00
小李	1	0.80	98.00	56.90
小芳	1	0.88	96.00	62.00
小美	0	1.03	100.00	61.00
小玉	2	1.15	99.50	62.00
小刘	9	0.25	51.00	50.70

步骤一：对客服个体服务数据排序，将结果填在表 5–2 中。

表 5–2 客服个体服务数据排序

客服名称	客服未回复 升序排序	客服答问比 降序排序	客服回复率 降序排序	平均响应时长 升序排序
小张				
小王				

续表

客服名称	客服未回复 升序排序	客服答问比 降序排序	客服回复率 降序排序	平均响应时长 升序排序
小李				
小芳				
小美				
小玉				
小刘				

步骤二：分析各客服服务能力，填写表 5-3。

表 5-3　　客服服务能力分析

客服名称	能力分析
小张	
小王	
小李	
小芳	
小美	
小玉	
小刘	

学习评价

根据本单元的学习情况，按知识、技能、素养三个指标进行评价。

评价类别	评价内容	配分
知识	客户服务质量的含义	10 分
	客户服务质量的评价指标和测定方法	15 分
	客户服务质量的提高方法	15 分
技能	测定客户服务质量	15 分
	评价客户服务质量	15 分
	使用多种方法提高客户服务质量	20 分

续表

评价类别	评价内容	配分
素养	积极的服务态度	5 分
	主动服务和承担责任的意识	5 分
合计		100 分

学习单元二　客户服务体系建设

学习目标

知识目标

1. 掌握客户服务体系的概念。
2. 掌握客户服务体系的宗旨。
3. 掌握客户服务体系的内容。

技能目标

1. 能从管理机制上强化客户服务。
2. 能从企业文化上提升服务理念。
3. 能从制度保障上提高客户满意度。

素养目标

1. 树立良好的客户服务意识。
2. 树立良好的竞争意识。

导　语

随着企业经营观念的不断发展，越来越多的企业树立起以服务客户为中心的理念，建立了企业客户服务体系，以此加强与客户的沟通，为客户提供富有成效的服务。

思考：

1. 什么是客户服务体系？
2. 客户服务体系包括哪些具体内容？

相关知识

一、客户服务体系的概念

客户服务体系是以客户服务为核心，围绕着客户服务所建立起的一整套服务的应对系统，包括制度、标准、流程、架构、人员在内的一切人、财、物、信息和文件等软硬件的组合。

二、客户服务体系的宗旨

客户服务体系的宗旨是“客户永远是第一位的”，从客户的实际需求出发，为客户提供真正有价值的服务，帮助客户更好地使用产品。体现“良好的客服形象、良好的产品、良好的客户关系、良好的品牌”的核心服务理念。在“客户永远是第一位的”宗旨下，可以从以下几个方面处理客户投诉。

1. 拓展客户投诉渠道、鼓励客户投诉

根据有关调查，绝大部分不满意的客户是不会投诉的，他们所选择的只是默默更换产品以谋求更好的服务。因此，可以认为，投诉的客户是对改进服务抱有期待与信任的。所以，应拓展客户投诉渠道、鼓励客户投诉并给予热忱回应。

2. 建立完善的客户投诉处理流程和监督机制

建立完善的客户投诉处理流程和监督机制，以充分发挥客户投诉监督作用，持续提升服务质量。

3. 将客户投诉处理直接和绩效、奖金挂钩

将客户投诉处理情况作为员工绩效考核的重要指标之一。建立客户投诉考核办法，严格落实相关责任人月度考核制度。

三、客户服务体系的内容

客户服务体系主要包括服务文化、服务制度、业务培训、客户管理、客户投诉与服务改进等内容。

1. 服务文化

服务文化主要包括服务理念、服务承诺、服务策略和服务目标。服务文化的营造，应从企业实际情况出发，以对客户需求的调查和分析为前提，提出服务理念，改进服务措施，并对员工不断教育和长期监督。

2. 服务制度

服务制度包括服务规范、服务流程等。制定以文件形式体现的服务规章制度，形成服务规范体系，覆盖服务的各个环节。制定服务流程，使全过程的服务处于有序状态，

客服严格按照服务流程开展工作。

3. 业务培训

业务培训是指围绕从事客服工作所需知识、技能、工作方法等开展的培训活动。培训的目的是保证客服能够胜任工作的需要。客服在上岗前必须经过培训。

4. 客户管理

客户管理主要包括客户资料管理、客户沟通管理、客户需求管理、客户订单管理、客户售后服务管理等。

5. 客户投诉

客户投诉包括处理投诉、预防投诉、管理投诉等。及时响应客户投诉，并提供满意的解决方案，可以提升客户忠诚度。

6. 服务改进

服务改进是为了满足客户日益增长的需求。对服务方式、服务品质等进行改进，使企业能够满足客户需求，提高客户的满意度。

工作实践

实训：客户服务体系的建设思路

从客户服务角度来说，服务无止境，越完善越好。但对于一个企业来说，资源是有限的，所以，企业应根据所在行业的特点有侧重地建立客户服务体系。

1. 梳理部门职能，确定公司的目标

根据客户群体的需求定位以及自身产品的定位，确定公司的目标。

2. 明确客服的总体目标和战略定位

建立以客为尊的服务理念，通过提高主动服务意识，提供优质服务，让客户感受到星级服务，在客户心目中树立品牌形象，发展潜在客户，提高成交率等。

3. 确定主要工作内容

售前：以专业的知识回答客户的咨询，收集、统计、分析客户信息以及建立完善的信息库等。

售中：对产品的配送速度、配送质量及时跟进等。

售后：收集与反馈客户意见，受理与记录客户投诉等。

4. 制定业务流程和操作规范

根据实际情况制定业务流程以及操作规范。

5. 确定工作职责范畴

如协助开拓网络营销渠道；负责部门内外部沟通协调；搜集行业及客户信息；负责业务需求调研；负责实施售前、售后服务等。

6. 培训

开展专业的客服技能培训。

7. 制定相关制度

制定信息管理制度、售后服务制度、服务礼仪制度、考核制度等。

学习评价

根据本单元的学习情况，按知识、技能、素养三个指标进行评价。

评价类别	评价内容	配分
知识	客户服务体系的概念	10 分
	客户服务体系的宗旨	10 分
	客户服务体系的内容	10 分
技能	从管理机制上强化客户服务	20 分
	从企业文化上提升理念服务	20 分
	从制度保障上提高客户满意度	20 分
素养	良好的客户服务意识	5 分
	良好的竞争意识	5 分
合计		100 分

学习单元三　客户服务团队管理

学习目标

知识目标

1. 掌握网店客服培训的主要内容。
2. 掌握客服自我情绪管理的主要步骤。

技能目标

1. 能对网店客服开展培训。
2. 能妥善处理负面情绪。

素养目标

1. 树立正确的人生观。
2. 调整工作状态，积极生活，快乐工作。
3. 树立正确的价值观。

导　语

为了培养一支善于决策与执行的客服团队，客服主管要努力做好以下五件事：确立一个清晰的愿景，以引导客服；为客服定义各自的职责，并要求他们各司其职；聘用符合岗位聘用条件的人，并向他们明示重要的绩效评估标准；提升客服工作技能，以帮助他们提高执行能力；营造高效的文化氛围，以激励客服完成工作并争创佳绩。

思考：

客服主管如何对客服进行培训？

相关知识

一、网店客服培训

近年来，电商行业发展迅速，对电商客服的要求也越来越高。培训的目的是让客服了解自己的工作以及与其他工作环节的联系，增强自觉性和责任感，接受并遵守规章制度，了解服务程序及服务标准，提高服务意识、服务效率和服务水平。网店客服培训主要包括以下内容。

1. 网店制度培训

制度是保证网店正常高效运行的依据和方法。作为客服首先要了解网店的各项制度。制度培训的主要内容是网店的各项规章制度，也就是员工日常工作的行为规范。开展制度培训，有利于确保各项规章制度落在实处，员工能增强自觉性与责任感，提高服务意识与服务水平。

2. 网店知识和技能培训

客服只有掌握必备的专业知识和基本技能，才能更好地把握交易的尺度、更好地服务客户。

（1）网站交易规则和购物流程。了解网站的交易规则、购物流程，以及如何修改价格、关闭交易、申请退款等相关知识。

（2）计算机操作技能。使用 Office 软件进行文字处理、表格制作，以及收发电子邮件、管理电子文件、使用搜索引擎等。

（3）使用各种通信工具与客户进行沟通。

3. 商品知识培训

客服需要了解商品的种类、材质、尺寸、用途、使用注意事项等。只有熟悉商品、了解商品的相关信息，才能解答客户提出的各种问题，更好地向客户介绍商品特色。商品的知识体系如图 5–1 所示。

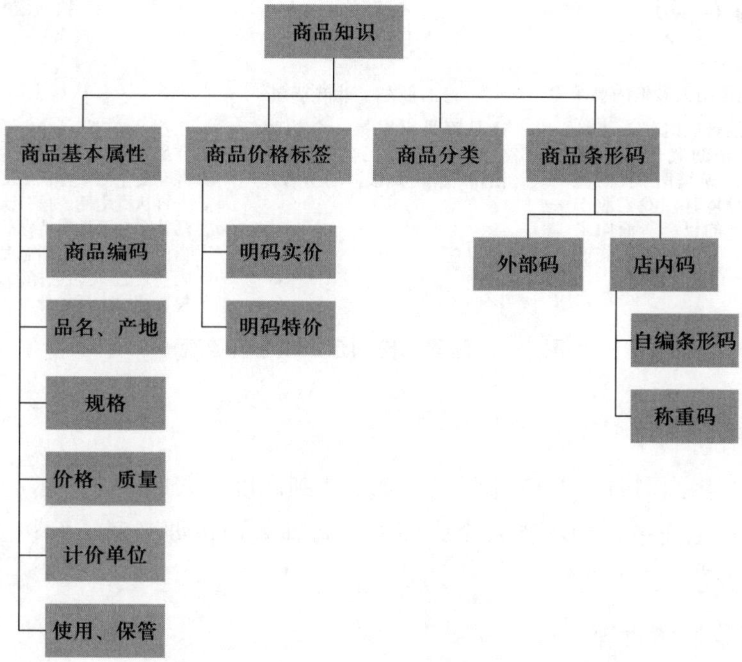

图 5–1　商品的知识体系

4. 企业核心价值观培训

企业的核心价值观是指企业在经营过程中推崇的基本信念和奉行的目标，是企业领导者与企业员工判断事物的标准。对员工开展企业核心价值观的培训可以统一认识，明确企业的核心能力及企业发展战略，继而统一思想、统一行动。

以阿里巴巴为例，其业务的快速增长有赖于尊崇企业家精神和创新精神，并且始终如一地关注和满足客户的需求。阿里巴巴认为，无论公司成长到哪个阶段，强大的共同价值观都可以让其维持一贯的企业文化以及公司的凝聚力。阿里巴巴的企业核心价值观如图 5–2 所示。

图 5-2　阿里巴巴的企业核心价值观

二、情绪管理

客服每天直接面对各种各样的客户，难免遇到态度不好的客户。客服需要及时调整自己的情绪，在工作过程中不带入个人情绪。管理人员也要及时化解员工的负面情绪，妥善地管理和引导员工的情绪。

1. 客服自我情绪管理

客服自我情绪管理的步骤如图 5-3 所示。

图 5-3　客服自我情绪管理的步骤

第一步：洞察负面情绪的产生。作为客服要有洞察情绪的能力，当产生负面情绪时，能及时察觉。

第二步：分析产生负面情绪的原因。情绪是对外界人事物的一种反应，产生的原因不同。只有了解了原因，才能有效处理情绪问题。

第三步：自我情绪的处理与缓解。对于短暂的负面情绪，可以通过改变认识事物的角度，达到改变认知思维、转变观点、调整自我情绪的目的；但如果负面情绪持续了一段时间，积压到一定程度，仅凭改变认知，还是很难达到很好的效果，需要运用一些情绪处理的小技巧。

第一，学会控制情绪，遇事不能冲动，不能对着客户随意发泄自己的情绪，能做到“不以物喜，不以己悲”，可以采用一些健康的情绪宣泄方法，如疏泄倾诉法、精神转移法、运动释放法等。

第二，调整心态，换位思考双方的处境。

第三，工作之余，要懂得寻求合理的外部情绪疏解渠道，寻求合理的自我排解方式。可以使用情绪转移法，干一件自己喜欢的事情，转移注意力。

2. 管理人员对客服的情绪管理

管理人员是客服情绪的引导者。管理人员可以从以下几个方面着手做好客服的情绪管理。

（1）利用好班前班后会。每天交接班的时间，是与客服交流思想、沟通感情的最佳时机。管理人员在讲解业务知识的同时，可以把一天中发生的趣事和大家分享，谈谈新闻，传达部门或企业的好消息等。

（2）经常组织团队集体活动。通过组织集体活动，可以增强集体凝聚力，也能帮助员工舒缓压力。

（3）管理人员要掌握一定的心理学知识，以更好地了解员工产生负面情绪的深层次原因，因势利导，对症下药。

（4）作为管理人员，更要明白鼓励比打击重要。大多数管理人员在同下属谈话的过程中偏重于指出其错误。可以尝试少批评、多鼓励，有时换一种说法效果会更好。

（5）幽默是管理人员应该具备的素质。管理人员幽默、机智地和员工沟通，交流会更加顺畅。

工作实践

实训：搭建高效的客服团队

步骤一：找到合适的网店客服主管。

网店客服主管需要有一定的格局和眼界，要站在公司层面想问题，执行力要强，协作度要高。

网店客服主管需要构建稳定的客服团队组织架构，制定一套客服团队成员必须遵守的基本规范，并能根据实际情况灵活采取不同策略解决工作中遇到的实际问题。

步骤二：善于发现合适的客服员工。

客服需要具备乐于沟通、乐于助人、求知欲强、善于解决棘手问题等素质。

招聘时要做好期望值管理。如直截了当地问应聘者：“客服岗位比较枯燥，天天接投诉电话，会被人骂，你有心理准备吗？”通过如实介绍工作中的困难和问题，既能避免应聘者盲目入职，也能在一定程度上降低流失率。面试时可模拟实际工作聊天语境、环境，以全方位考察应聘者的逻辑思维能力和成长性。

步骤三：培养并任命高效的主管。

作为上传下达的中坚力量，网店客服主管需要对公司的目标、服务理念有很好的了解。公司需要对网店客服主管进行必要的培训及考核，同时需要客服主管对团队成员进行绩效管理、能力培养，促进团队成员业绩提升，更加用心工作，形成积极、上进的工作氛围，以实现团队目标。

步骤四：建立客服培训体系，明确成长通道。

建立科学化、系统化、专业化的网店客服培训体系，通过培训，让员工达到岗位要求和获得个人发展所需求的能力。并且要丰富员工职业发展通道，使员工获得更多的发展机会。

步骤五：搭建客服知识库。

对客服工作进行系统归纳，梳理客服工作各环节的工作流程、工作标准、话术等，方便客服实时查询、使用。

步骤六：注重团队沟通，营造良好氛围。

注意观察员工日常工作中的情绪状态，多对其关心关爱，定期谈心谈话，尽量帮助员工解决遇到的困难和问题。

营造良好的工作氛围是搞好团队建设的关键。可以针对客服普遍年轻化的特点，开展企业文化建设，建立黑板报文化，并根据员工需求设立主题活动月，开展趣味活动。

学习评价

根据本单元的学习情况，按知识、技能、素养三个指标进行评价。

评价类别	评价内容	配分
知识	网店客服培训的主要内容	15 分
	客服自我情绪管理的主要步骤	15 分
技能	对网店客服开展培训	20 分
	妥善处理负面情绪	20 分
素养	正确的人生观	10 分
	良好的工作状态	10 分
	正确的价值观	10 分
合计		100 分

学习单元四　客户服务现场管理

学习目标

知识目标

1. 掌握排班的原则。

2. 掌握不同客服岗位的岗位职责。
3. 掌握 5S 现场管理法的内容。
4. 掌握现场调度操作流程。

技能目标

1. 能制定客服排班方案。
2. 能进行抽调或者非抽调现场调度管理。
3. 能制定 5S 管理提升方案并解决实际问题。

素养目标

1. 培养高度的自觉性和责任心。
2. 树立严以律己的工作态度。

导 语

现场调度管理的主要工作内容包括合理安排客服中心人力、监督每日现场运营、确保客服中心完成接听率指标等重要任务，通过组织调度人员以达成高效稳定的生产力，保证客服工作平稳有序开展。

思考：

如何做好现场调度管理？

相关知识

一、排班管理

1. 岗位职责

岗位职责是指一个岗位的工作内容以及应当承担的责任范围。

分配好各个岗位的职责可以最大限度地实现劳动用工的科学配置，有效地防止因职务重叠而发生工作扯皮现象，提高内部竞争活力、工作效率和工作质量。

不同客服岗位的职责见表 5–4。

表 5–4　　不同客服岗位的职责

岗位	职责
客服经理	1. 完成客服部门规划性建设、团队性建设 2. 负责部门的日常管理和监督，提升部门工作质量 3. 组织有效的客户关系管理工作 4. 制定积极有效的绩效考核制度、奖惩措施 5. 合理分配部门各岗位职责

续表

岗位	职责
客服主管	1. 制订年度工作计划并分解到季度或者月度 2. 制订部门员工培训计划 3. 检查客服的工作流程，确保服务质量，处理好客户投诉 4. 制定员工排班表，协助客服经理做好员工专业知识的培训和员工的绩效考核 5. 上传下达，及时反馈信息，协助客服经理协调沟通各部门关系 6. 管理员工的日常工作
客服人员	1. 及时处理和反馈客户提出的各种问题 2. 负责受理客户的咨询、建议及投诉 3. 每日收集并整理日常问题、总结问题、反馈问题、解决问题 4. 服从管理，按照部门规章制度严格开展各项工作

2. 排班原则

在安排班次时，需要遵循以下三个原则。

（1）工时原则

不能超出每日工作 8 小时、每周工作 40 小时的法定工作时间。

（2）密封原则

班次安排首尾相接，即通过各时段不同班次的安排，实现客服中心的 7×24 小时运营。

（3）合理原则

在高峰时段多安排人员，而在低峰时段适当减少人员，合理调配。

二、现场调度管理

1. 5S 现场管理法

5S 现场管理法是现代企业管理模式，又被称为五常法则（见图 5–4）。

图 5–4　5S 现场管理法

（1）整理（SEIRI）

区分要与不要的物品，现场只保留必需的物品。目的是改善和增加作业面积；现场无杂物，行道通畅，提高工作效率；改变作风，提高工作情绪等。

（2）整顿（SEITON）

必需品依规定摆放，整齐有序、标识明确。目的是不浪费时间寻找物品，提高工作效率。

（3）清扫（SEISO）

自己使用的物品，如设备、工具等，要自己清扫，而不要依赖他人，不增加专门的清扫工；对设备的清扫，着眼于对设备的维护保养。清扫设备要同设备的点检结合起来，清扫即点检。

（4）清洁（SEIKETSU）

将整理、整顿、清扫的做法制度化、规范化，维持其成果。从而创造一个良好的工作环境，使员工能愉快工作。

（5）素养（SHITSUKE）

努力提高员工的自身素养，使员工养成良好的工作、生活习惯和作风，让员工能通过实践 5S 获得境界的提升，与企业共同进步。

2. 现场调度操作流程

（1）抽调和非抽调的含义

抽调是指团队或组织因工作需要，临时抽调员工协助完成非本岗位的工作。

非抽调是指因系统设备故障、公司班车延迟等非个人原因影响员工的正常工作。

（2）调度操作流程

运营主管必须在当天完成抽调、非抽调数据登记。抽调审批操作流程如图 5-5 所示，非抽调审批操作流程如图 5-6 所示。

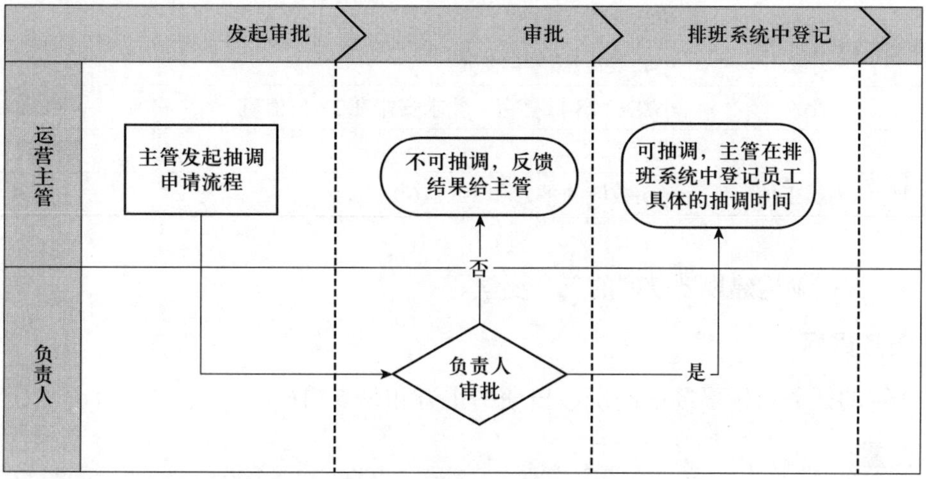

图 5-5　抽调审批操作流程

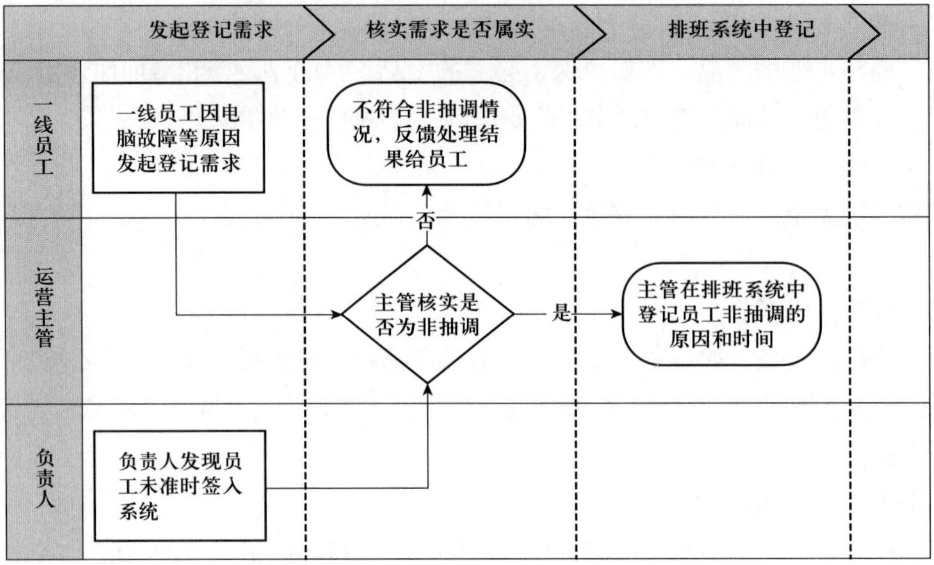

图 5-6　非抽调审批操作流程

工作实践

实训：制定客服排班表

因双十一购物狂欢节大促临近，某电商公司客服部计划在 10 月 25 日至 31 日每天安排 1 名员工通宵值班，请根据员工的值班要求（见表 5-5）安排员工的值班日期。

表 5-5　员工值班要求

序号	员工姓名	员工值班要求	值班日期
1	小江	小江要比小月早 5 天值班	
2	小月	小月要比小沈晚值班	
3	小敏	小敏要比小江晚 2 天值班	
4	小林	小林要比小月晚 1 天值班	
5	小云	小云要比小沈早值班	
6	小沈	小沈在 28 日有空，要求安排在 28 日值班	28 日
7	小陈	没有要求	
提示：目标值为员工值班所有日期数值的平方和（5 516）			

步骤一：明确构建规划模型的三个要素。

1. 任务目标

此案例的任务目标已经很明确，日期的平方和是 5 516。

2. 变量

即要求的值，除了 6 号员工小沈明确值班日期是 28 日外，其他员工值班日期都是变量。

3. 约束条件

即对变量及变量影响关系的约束。显然除了必须限定可变量的数值类型外，还需考虑每名员工的需求。

步骤二：在表格上体现规划模型要素（见图 5–7）。

	A	B	C	D	E	F	G	H
1								
2								
3								
4		员工姓名	员工值班要求	值班日期		**规划模型**		
5	1	小江	小江要比小月早5天值班			**任务目标**		
6	2	小月	小月要比小沈晚值班			日期平方和	784	
7	3	小敏	小敏要比小江晚2天值班			**可变量**		
8	4	小林	小林要比小月晚1天值班			D5:D9, D11		
9	5	小云	小云要比小沈早值班			**约束条件**		
10	6	小沈	小沈在28日有空，要求安排在28日值班	28		D5:D9, D11都为整数		
11	7	小陈	没有要求			D5:D9, D11≥25		
12	提示：目标值为员工值班所有日期数值的平方和（5 516）					D5:D9, D11≤31		
13						员工要求	目标值	备注
14						0	5	=D6-D5小江要比小月早5天值班
15						0	2	=D7-D5小敏要比小江晚2天值班
16						0	1	=D8-D6小林要比小月晚1天值班
17						D6>=D10+1		小月要比小沈晚值班
18						D9<=D10-1		小云要比小沈早值班

图 5–7　规划模型要素

步骤三：点击“数据”—“规划求解”，将以上的规划模型输入程序中，如图 5–8 所示，务必保证约束条件输入完整。

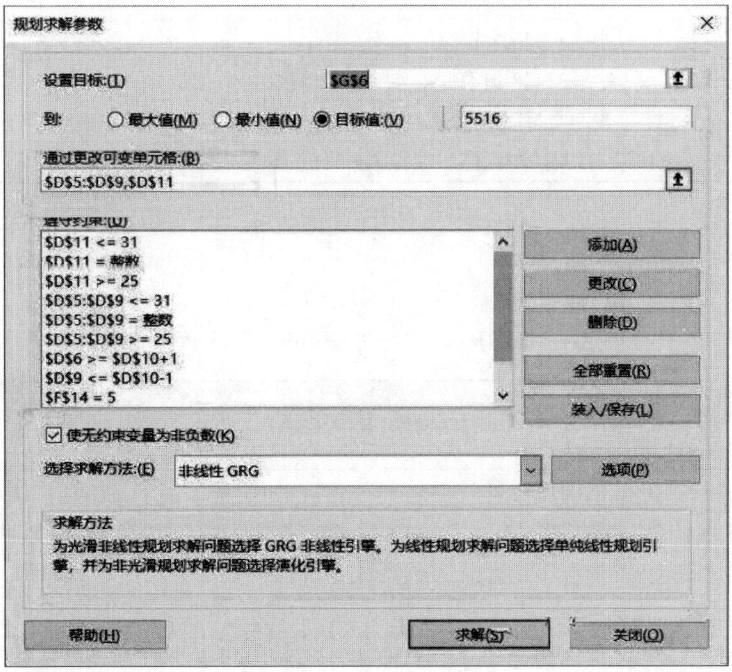

图 5–8　规划求解参数

完整的约束条件代码如下：

D11≤31

\$D\$11= 整数

$\$D\$11 \geqslant 25$

$\$D\$5: \$D\$9 \leqslant 31$

\$D\$5: \$D\$9= 整数

$\$D\$5: \$D\$9 \geqslant 25$

$\$D\$6 \geqslant \$D\$10+1$

$\$D\$9 \leqslant \$D\$10-1$

\$F\$14=5

\$F\$15=2

\$F\$16=1

点击求解后，得到员工值班表（见表 5–6）。员工值班时间不冲突，且满足了每名员工的个人要求。

表 5–6　　　　员工值班表

序号	员工姓名	员工值班要求	值班日期
1	小江	小江要比小月早 5 天值班	25 日
2	小月	小月要比小沈晚值班	30 日
3	小敏	小敏要比小江晚 2 天值班	27 日
4	小林	小林要比小月晚 1 天值班	31 日
5	小云	小云要比小沈早值班	26 日
6	小沈	小沈在 28 日有空，要求安排在 28 日值班	28 日
7	小陈	没有要求	29 日
提示：目标值为员工值班所有日期数值的平方和（5 516）			

学习评价

根据本单元的学习情况，按知识、技能、素养三个指标进行评价。

评价类别	评价内容	配分
知识	排班的原则	10 分
	不同客服岗位的岗位职责	10 分
	5S 现场管理法的内容	10 分
	现场调度操作流程	10 分
技能	制定客服排班方案	15 分
	进行抽调或者非抽调现场调度管理	15 分
	制定 5S 管理提升方案并解决实际问题	15 分
素养	高度的自觉性和责任心	7 分
	严以律己的工作态度	8 分
合计		100 分

学习单元五　客户服务绩效管理

学习目标

知识目标

1. 掌握 KPI 考核的含义。
2. 掌握客服绩效管理应遵循的原则。
3. 掌握客服绩效考核的各项指标要求。

技能目标

1. 能计算 KPI 考核的指标权重。
2. 能制定客服绩效考核方案。

素养目标

1. 培养工作热情和积极性。
2. 树立良性竞争意识和自我提升意识。

导　语

客服是一个很重要的岗位，好的客服会给网店带来好的口碑，能提升店铺 DSR（detail seller rating，卖家服务评级系统）评分、转化率、客单价，减少店铺售后纠纷。那么，我们该如何衡量客服的工作，如何计算客服的 KPI 呢？

思考：

1. 什么是客服的 KPI？
2. 如何制定客服的绩效考核方案？

相关知识

一、KPI 考核的含义

KPI 是 key performance indicator 的缩写，即关键绩效指标，是通过对组织内部流程的输入端、输出端的关键参数进行设置、取样、计算、分析，衡量流程绩效的一种目标式量化管理指标，是把企业的战略目标分解为可操作的工作目标的工具，是企业绩效管理的基础。

KPI 可以使部门主管明确部门的主要责任，并以此为基础，明确部门人员的业绩衡量指标。建立明确的、切实可行的 KPI 体系，是做好绩效管理的关键。

客服 KPI 考核是指客服工作上的绩效考核，是客服管理的一种措施，是客服成长的有效激励手段，更是考核客服绩效与薪资管理的重要方式，会直接影响到客服的工资收入。

二、客服绩效管理遵循的原则

客服绩效管理应遵循以下几个主要原则。

1. 关键性原则

绩效管理是整个人力资源管理的关键，其实施的效果将直接影响到企业人力资源管理其他工作的开展。绩效管理基本上可以称为承前启后的一项工作。它既是对员工前一阶段工作成绩的评价，又直接为员工后一阶段的培训、薪酬福利的发放、员工个人职业生涯的发展和企业文化的建设等提供客观参考依据。

2. 目标达成原则

任何管理活动的开展都是为了实现组织的战略目标，绩效管理也不例外。绩效管理相对于组织整体战略目标而言，只是一种重要的工具，而非管理目标。

3. 注重过程原则

绩效管理既要注重结果，也要注重过程。绩效管理人员一方面要重视绩效考核结果的运用，另一方面也要注意监控实施过程。因为绩效管理不仅是评价员工前一阶段的工作成绩，更重要的是通过实施绩效管理来促进员工提高绩效。

4. 文化匹配原则

绩效管理要注重与企业文化相匹配。组织文化就是指组织内绝大多数组织成员的行为作风和认可的价值规范以及行为规范。组织文化深入到组织环境中的每一个角落。在选择绩效考核方式、确定评估指标时，必须考虑到本企业的组织文化，仔细斟酌和鉴别拟定的绩效管理制度是否与本组织的文化相协调。

5. 公开透明与全员参与原则

绩效管理的实施要坚持公开透明和全员参与的原则。绩效管理所有标准及流程以制度的形式明文规定。绩效管理要科学、有效地开展，必须依靠全体员工的共同参与和努力。

三、客服绩效考核方案

不同类型客服的工作内容不同，KPI 不同，绩效考核方案也不同。

1. 售前客服绩效考核

售前客服绩效考核见表 5–7。

2. 售后客服绩效考核

售后客服绩效考核见表 5–8。

表 5-7

售前客服绩效考核表

____年___月绩效考核表													
工号:		姓名:				部门 / 岗位:							
项目	具体指标		指标权重	评分原则	指标定义 / 计算公式	数据来源方式	数据来源岗位	数据来源表单	备注	实际达成	自评	领导评分	考评人
KPI（85%）	销售额（55%）	日常询单转化率	25%	百分比计分制	个人转化率 ÷ 目标 ×100%（目标 = 平均转化率 × 增长值）	系统抓取	客服主管	赤兔数据	1. 每月月底制定次月整体目标；2. 平均转化率 =（去年同期 + 本月前 3 期）÷ 期数；3. 如果店铺有活动，活动当天数据可以不予参考；4. 转化率与销售额超过目标者可视情况予以另外加分				
		销售额达成率	20%	百分比计分制	实际完成额 ÷ 目标销售额 × 100%	系统抓取	客服主管	赤兔数据					
		产品连带率	10%	百分比计分制	销售总数量 ÷ 销售小票数量 ×100%	系统抓取	客服主管	赤兔数据	每月月底制定次月整体目标，超过目标者可视情况予以另外加分				
	服务质量（30%）	服务态度	10%	单项否决制	对客户的询问，表达模糊不清或者置之不理每次扣 1 分，4 次以上该项目 0 分	手工统计	客服主管	聊天记录抽查					
			10%	百分比计分制	客服中差评率	系统抓取	客服主管	赤兔数据					
		评价回复	5%	单项否决制	对有问题的评价给出解释，发现延迟、错误、遗漏每次 / 处扣 0.5 分	日常工作	客服主管	评价回复问题表					

续表

项目	具体指标		指标权重	评分原则	指标定义 / 计算公式	数据来源方式	数据来源岗位	数据来源表单	备注	实际达成	自评	领导评分	考评人
KPI（85%）	服务质量（30%）	响应时间	5%	百分比计分制	响应时间不超过20秒，每超过1秒扣1分	系统抓取	客服主管	赤兔数据					
工作计划综合能力（15%）	部门协作		5%	—	1. 十分积极主动参与部门内外协作，遇事主动参与付出不计较，5分 2. 能主动积极配合部门工作，令部门满意，4分 3. 团结协作性一般，但能配合部门工作，2～3分 4. 不注重团结协作，勉强配合，0分	日常工作	客服主管	主观考核					
	工作主动性		5%	—	1. 工作积极主动，能分清轻重缓急，遇到问题及时解决处理，4～5分 2. 工作不能分清轻重缓急，只按自己的节奏工作，2～3分 3. 工作被动，对交办的工作不闻不问，没有结果，0分	日常工作	客服主管	工作报告					

续表

项目	具体指标	指标权重	评分原则	指标定义 / 计算公式	数据来源方式	数据来源岗位	数据来源表单	备注	实际达成	自评	领导评分	考评人
工作计划综合能力（15%）	学习能力	5%	—	1. 进步速度快，岗位能力不断提升，办事效率明显提高，5 分 2. 进步明显，能随着公司的发展需要，逐步提升岗位能力，办事效率提高，4 分 3. 进步一般，在领导指导下，能胜任岗位要求，3 分 4. 进步不明显，安于现状，不思进取，2 分	日常工作	客服主管	主观考核					
加分项（10%）	对考核中未规定的事项作出另行加分，如为公司作出重大贡献等											
减分项（10%）	因为售前客服对产品不了解造成的售后投诉											
绩效奖金系数					绩效考核最终得分							
自我评价												
领导评价												
被考核人签字：					直接上级签字：			部门负责人签字：				

表 5-8

售后客服绩效考核表

项目	具体指标	指标权重	评分原则	指标定义 / 计算公式	数据来源方式	数据来源岗位	数据来源表单	备注	实际达成	自评	领导评分	考评人
______年____月绩效考核表												
工号：		姓名：			部门 / 岗位：							
KPI (85%)	退款速度	75%	百分比计分制	（本店退款速度 ÷ 行业退款速度）× 100%	系统抓取	客服主管	店铺动态评分					
	退款纠纷率		百分比计分制	0=100 分 0.01%=70 分 0.02%=60 分 0.03%=50 分 0.04% 及以上 =0 分	系统抓取	客服主管	商家中心					
	退款原因正确归类		单项否决制	分类不正确，按情节一次扣 2 ～ 5 分	手工统计	客服主管	聊天记录					
	服务态度		百分比计分制	中差评率	系统抓取	客服主管	赤兔数据					
	问题处理及时率		单项否决制	对于各类售后问题，及时处理，如有延迟每次扣 2 分	日常工作	客服主管	工作报告					
	独立处理能力	10%	单项否决制	1. 独立处理售后问题达到 90% 以上，满分	日常工作	客服主管	主观考核	阿里旺旺沟通、电话沟通				
				2. 独立处理售后问题达到 80% 以上，8 ～ 9 分								
				3. 独立处理售后问题达到 70% 以上，6 ～ 7 分								
				4. 独立处理售后问题不到 70%，0 分								
				对于咨询已经处理过的事情，再次发生时不知道怎么解决或者需要再次询问的，直接扣 5 分 / 次								

续表

项目	具体指标	指标权重	评分原则	指标定义 / 计算公式	数据来源方式	数据来源岗位	数据来源表单	备注	实际达成	自评	领导评分	考评人
工作计划综合能力（15%）	部门协作	5%	—	1. 十分积极主动参与部门内外协作，遇事主动参与付出不计较，5 分 2. 能主动积极配合部门工作，令部门满意，4 分 3. 团结协作性一般，但能配合部门工作，2 ～ 3 分 4. 不注重团结协作，勉强配合，0 分	日常工作	客服主管	主观考核					
	工作主动性	5%	—	1. 工作积极主动，能分清轻重缓急，遇到问题及时解决处理，4 ～ 5 分 2. 工作不能分清轻重缓急，只按自己的节奏工作，2 ～ 3 分 3. 工作被动，对交办的工作不闻不问，没有结果，0 分	日常工作	客服主管	工作报告					
	学习能力	5%	—	1. 进步速度快，岗位能力不断提升，办事效率明显提高，5 分 2. 进步明显，能随着公司的发展需要，逐步提升岗位能力，办事效率提高，4 分 3. 进步一般，在领导指导下，能胜任岗位要求，3 分 4. 进步不明显，安于现状，不思进取，2 分	日常工作	客服主管	主观考核					

续表

项目	具体指标	指标权重	评分原则	指标定义 / 计算公式	数据来源方式	数据来源岗位	数据来源表单	备注	实际达成	自评	领导评分	考评人
加分项（10%）		对考核中未规定的事项作出另行加分，如为公司作出重大贡献等										
减分项（10%）		售后投诉										
绩效奖金系数					绩效考核最终得分							
自我评价												
领导评价												
被考核人签字：					直接上级签字：			部门负责人签字：				

工作实践

实训：制定客服绩效考核方案

以下是客服绩效考核方案的制定步骤。

步骤一：定义工作内容。

将客服考核板块罗列出来，如图 5–9 所示。

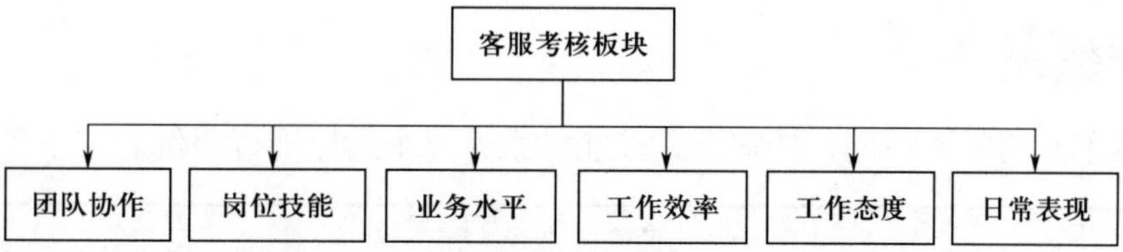

图 5–9　定义工作内容

步骤二：量化工作指标。

对梳理出的工作内容和职责进行分解，提取可量化的工作内容，设置明确的数据指标，如图 5–10 所示。

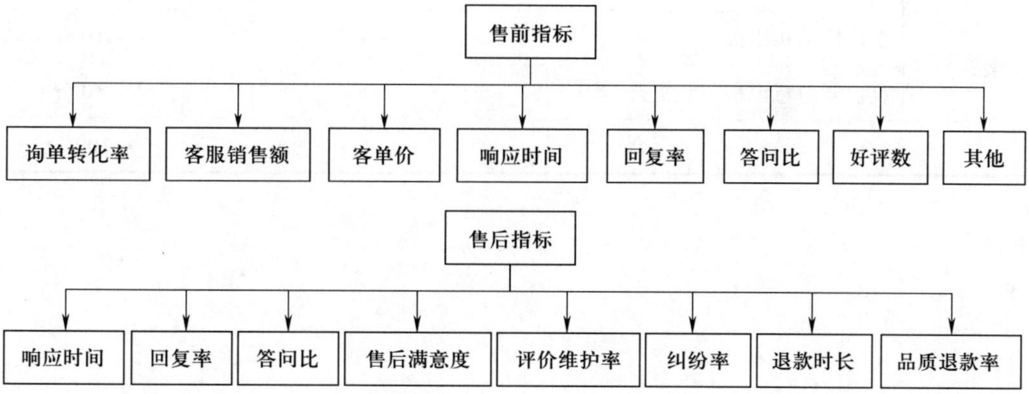

图 5–10　量化工作指标

步骤三：设定绩效目标。

要对可量化的工作指标进行考核，绩效目标的设置应循序渐进、科学合理，可参考以下原则设置。

1. 目标要清晰明确。
2. 目标要可衡量。
3. 目标要能实现。
4. 目标完成后有满足感。

5. 完成目标需要限时。

步骤四：检验绩效考核方案的合理性。

绩效考核方案制定好后，可先试行 2～3 个月，根据试行情况调整完善后再严格执行。

步骤五：方案优化。

对绩效考核方案的运行效果进行复盘分析，收集各层级对绩效考核方案实施改进的具体建议，发现不合理处及时调整优化。

学习评价

根据本单元的学习情况，按知识、技能、素养三个指标进行评价。

评价类别	评价内容	配分
知识	KPI 考核的含义	10 分
	客服绩效管理应遵循的原则	15 分
	掌握客服绩效考核的各项指标要求	15 分
技能	计算 KPI 考核的指标权重	20 分
	制定客服绩效考核方案	20 分
素养	工作热情和积极性	10 分
	良性竞争意识和自我提升意识	10 分
合计		100 分

模块六　客户开发

学习单元一　客户开发前的准备

学习目标

知识目标

1. 掌握网店市场定位的相关知识。
2. 掌握网店产品定位的相关知识。
3. 掌握网店价格定位的相关知识。

技能目标

1. 能进行产品定位。
2. 能进行产品定位的数据分析。

素养目标

1. 具有敏锐的市场洞察力。
2. 具有良好的服务意识、规范意识、自我情绪管理意识。

导　语

小王和小李在某电商平台各自开了一家店铺，两人的货源都来自同一个厂家。半年后，小王的店铺生意兴隆，而小李的店铺却无人问津。小李很纳闷，明明自己经营的商品和小王一样，价格也差不多，为什么差距却如此悬殊？小李找到小王，向他请教如何经营好店铺。在小王的指导下，小李了解到店铺经营好坏与店铺市场定位、产品定位和价格定位息息相关。

思考：

1. 网店如何进行市场定位？

2. 网店如何进行产品定位？

3. 网店如何进行价格定位？

相关知识

一、网店市场定位

市场定位是指为使产品在目标客户心目中相对于竞争产品能占据更加清晰、特别和理想的位置而进行的安排。常见的市场定位方式有大众化定位、差异化定位和细分化定位（见图 6–1）。

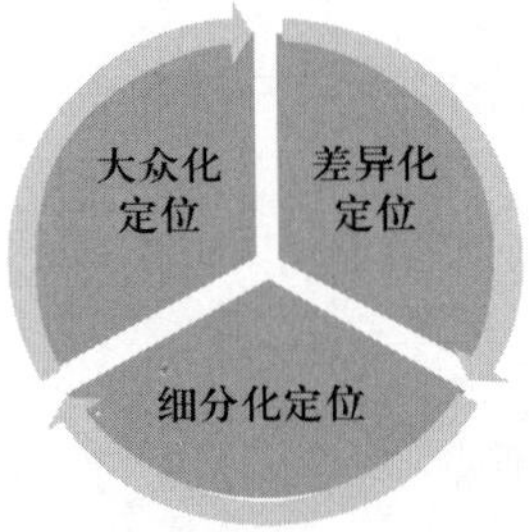

图 6–1　常见的市场定位方式

1. 大众化定位

大众化定位是网店较多采用的市场定位方式，主要有以下 4 种表现形式。

（1）人卖亦卖

许多网店由于在行业和渠道上无法脱离局限与束缚，形成了人卖亦卖的局面。

（2）聚集在红海领域

现在的电商平台基本没有什么蓝海领域，大多数网店都在红海领域集中竞争。尤其是一些大的类目，由于市场份额足够大，驱使很多商家前仆后继地涌入。

（3）店铺商品种类杂

随着客户需求的不断增加以及店铺对业绩的不断追求，店铺的产品线越拉越长，没有重点突出的产品，库存量大，资金周转率低。

（4）热衷于爆款

爆款可以增加店铺流量、减少库存、关联销售，以及拉高人气、提升影响力，所以很多店铺热衷于打造爆款。但打造爆款也有不少弊端，比如易被模仿、如选款失败会导致商品积压等。

2. 差异化定位

（1）理念差异化定位

对于同质化产品，可以通过打造不同的产品理念、文化，造就差异化定位。如服装类目知名品牌“探路者”（见图 6–2）主打的是“质量、创新、服务”的产品理念，以快速精准的定位迅速占领市场。

中国首家上市户外品牌 专注户外防护22年

探路者 TOREAD | 连续13年 支持中国南北极科学考察

图 6–2　理念差异化定位——探路者

（2）风格差异化定位

从风格定位入手的产品以服装类目居多。如“裂帛”以其“现代民族风、温暖、色彩、自由、向内行走”的鲜明定位，在电商平台以“日韩”“欧美”为主打风格的女装类目中，以迅雷不及掩耳之势占领了市场并持续占据排行榜前 10 名。其产品风格鲜明突出，文案和视觉效果符合产品特色，吸引大众关注，是风格差异化定位的典型代表（见图 6–3）。

图 6–3　风格差异化定位——女装品牌“裂帛”的中国风

（3）受众人群差异化定位

精准定位不同客户的差异化需求，如以中老年人为受众人群的妈妈装、老年装占据了女装市场的一席之地，如图 6–4 所示。

图 6-4　受众人群差异化定位——妈妈装“报喜衣库旗舰店”

3. 细分化定位

市场定位以细分和突出产品卖点为核心。在电商平台，细分化定位是一种较容易操作且较为精准的定位方式。比如在淘宝，有纵向细分、横向细分以及横纵与纵横细分等。

（1）纵向细分

纵向细分是将一级类目细分为二级类目，二级类目细分为三级类目，以此类推，最终找到具有优势的核心产品。如月牙泉服饰旗舰店专做男装类目下的衬衫品类，就是将一级类目向二级类目做了延伸（见图 6–5），这也是很多选品和品控标准严苛的商家的选择。

图 6–5　月牙泉

（2）横向细分

横向细分是根据产品功能、人群需求等的不同进行再度细分。如圣拉帝童装，其产品定位为儿童礼服（见图 6–6）。

图 6–6　圣拉帝童装

（3）横纵与纵横细分

横纵与纵横细分是在整合的基础上继续细分，细分过后继续整合的循环模式。如和田玉枣，先按照大小进行细分，再进行整合，根据不同的生产时间进行再次细分。

二、网店产品定位

产品是网店的生命线，展现、引流、下单等都是在产品的基础之上进行的。

1. 网店产品类别

（1）从产品品质的角度

产品品质是指产品的质量，包括产品的稳定性、用户体验、可靠性、性能及感观等方面。质量是市场营销的后盾，如某品牌蓝牙耳机以优质作为卖点（见图 6–7）。

图 6-7　追求品质的某品牌蓝牙耳机

（2）从产品功效的角度

产品功效是指产品所具有的功能和产品使用性能，即产品总体的用途。如汽车有代步的功能，冰箱有保持食物新鲜的功能，空调有温度调节的功能。如图 6–8 所示的护肤品主打功效是抗老淡纹。

产品功能要与客户的需求相匹配，如果产品不具备客户需要的功能，则会失去客户；如果产品具备客户意想不到但很需要的功能，就会给客户留下很好的印象。

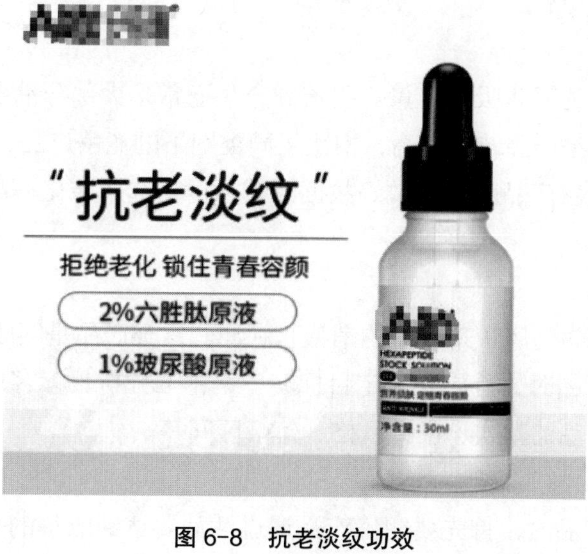

图 6-8　抗老淡纹功效

（3）从产品品牌的角度

随着人们品牌意识的提高，客户越来越重视产品的品牌知名度。品牌产品的成交量相对来说比较高。

（4）从产品特点的角度

通常能够吸引客户购买的产品都有着较为鲜明的特点。如家居生活类产品的特点关键词有温馨、典雅、简约、灵巧等，服装类产品的特点关键词有小清新、潮流、商务等。

如常州特产大麻糕（见图 6-9），有着与同类商品不同的地域特色，平时很难买到。

图 6-9　常州大麻糕

2. 网店产品布局

选择好产品类别后，就要做好网店产品布局。通常一家网店需要引流款、利润款、活动款和形象款四类产品。

（1）引流款产品

引流款产品旨在为网店吸引流量。引流款产品通常是大部分消费者都能接受的、非小众的产品，并且这类产品转化率高，相比于同类别下的竞争产品，有价格等优势。

网店在选择引流款产品时，要做好数据测试，尽量选择转化率高、地域限制较少的产品。

（2）利润款产品

利润款产品旨在为网店带来更多的销量和利润。这类产品是网店销售产品的主力。

在选择利润款产品时，首先要锁定目标客户，精准分析目标客户的喜好，继而分析出适合目标客户的产品的款式、设计风格、价格区间等。

（3）活动款产品

在选择活动款产品时，首先要明确产品通过活动要达到的目的是什么，要根据不同的目的，选择不同的操作方法。

以清库存为目的的活动款产品，通常都是一些过时或者尺码不全的款式，网店可在页面设置特卖、低价促销等专栏。

以冲销量为目的的活动款产品，需要选择大众喜欢的产品进行销售，才能达到更好的效果。

（4）形象款产品

形象款产品旨在提升网店的品牌形象。可以选择高品质、高客单价的极小众产品作为形象款，一般设置 3～5 款即可。

三、网店价格定位

网店商品价格定位十分重要，是直接影响网店销量的重要因素。那么对于网店来说，如何给产品合理定价呢？

1. 成本

没有成本的竞争力，就没有定价的竞争力。店铺成本一般包括产品成本、仓储成本、快递成本、人工成本、退换货成本、损耗成本和推广成本等，如图 6-10 所示。

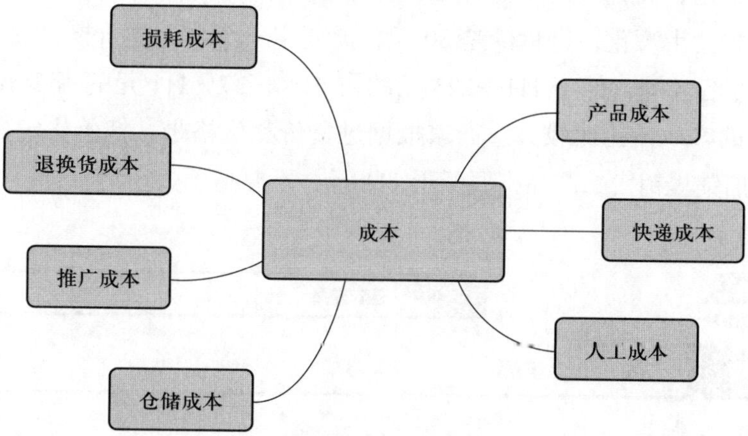

图 6-10　成本

产品成本。在生产产品全程中产生的整体费用。

仓储成本。在储存、管理、保养、维护产品的相关物流活动中产生的各种费用。

快递成本。在物流活动中消耗的物化劳动和活劳动的货币表现。

人工成本。在生产或施工过程中人工消耗或活劳动耗费的货币表现。

退换货成本。由于产品质量、规格、型号不符以及不按合同发货，造成退换货所发生的有关运输、包装等的费用。

损耗成本。在购进、销售货物过程中，因物品损耗发生的价值丧失。

推广成本。在产品制成或购入以后、销售给客户收回货款之前，发生于推销和售货过程中的各项费用。

具体计算成本的时候，要先统计每款产品的各项成本是多少，相加得到总成本，除以预期销量，得出单件产品成本。

2. 比价

客户在网上购物时，常常会对同类产品进行比价。对商家而言，产品在线上销售，由于同质化产品很多，所以商家需要参考同行的价格进行定价。产品在价格上有优势会获得更多的流量。有些商家会采取价格战抢占市场份额，但一味降价会有较大的负面影响，一是直接压缩了店铺的利润空间；二是对行业来说，会构成潜在的恶性竞争，降低产品在市场上的价值定位，影响整个行业的发展。

3. 找到产品的定价区间

确定产品的定价区间，可以从两方面着手。第一，做好市场调查，找到对应产品的市场定价范围。第二，可以通过在电商平台搜索产品的关键词，找到占比较大的价格区间，这也就是产品在大部分消费群体心中的定位。例如，如图 6-11 所示，60% 的客户对连衣裙的价格定位在 69～299 元。通常来说，在这个价格区间会获得较高的流量和点击量。

需要注意的是，店铺中的所有产品价格需要在同一价格带，这样客户定位才会精准。例如，一款女士短靴，进货价是 80 元，需要定一个合适的价格，商家在淘宝搜索“短靴女”的价格区间，其中 111～225 元的占 59%，37～111 元的占 24%，也就是说，这两个价格带的客户占比比较大。商家根据进货价和价格带，把价格定在 111～225 元的价格带中，店铺里销售的产品不要低于 111 元，不要高于 225 元。

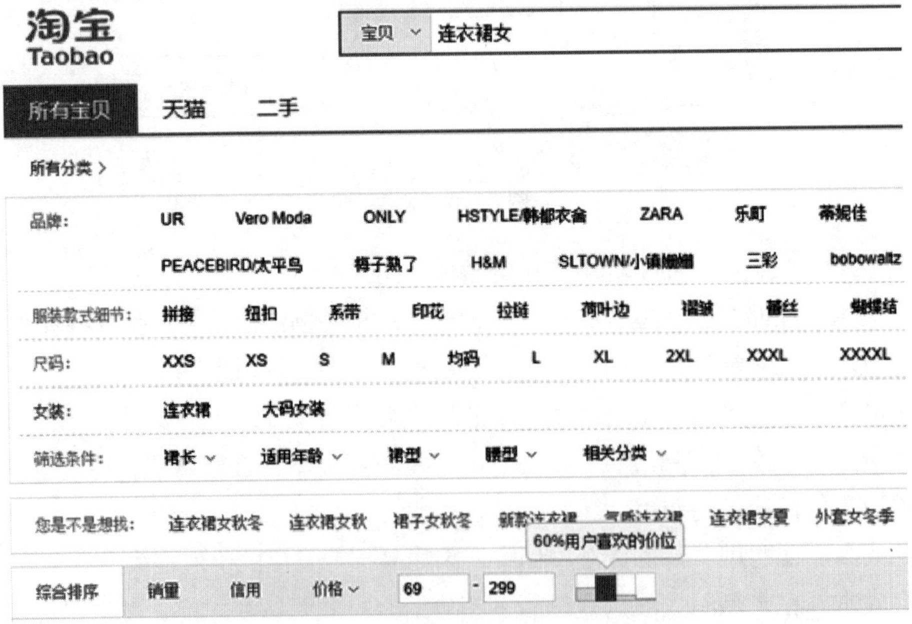

图 6-11 “连衣裙女”价格区间

4. 分类定价

在成本、比价、定价区间都确定后，需要为店铺不同类产品分别定价。如果是引流款产品，为了引进足够大的流量，只要确保在成本的基础上稍微加些利润即可。如果是利润款产品，可以多留一些利润空间。当然，不管是引流款产品还是利润款产品，都需要保证在定价区间中。

有些店铺会通过促销活动提高店铺的销量，在活动期间商品价格和非活动期间相差很大，这样做并不利于店铺的发展，因为会导致店铺只有在活动期间才会有较大流量，不利于持续发展。

工作实践

实训：产品定位

假如你要在淘宝开一家经营连衣裙的网店，请进行产品定位。

步骤一：在淘宝“生意参谋”—“市场行情”中，查询连衣裙的搜索人气，用“搜索人气”除以“在线商品数”得出“倍数”，比较一下倍数的值，倍数越高的词，竞争度越小（见表 6–1）。

表 6–1　　搜索人气

关键词	搜索人气	在线商品数	倍数
连衣裙	177 298	19 957 290	0.008 9
连衣裙女夏	98 317	8 975 632	0.011 0
雪纺连衣裙	87 565	2 880 608	0.030 4
2017 款连衣裙	84 801	10 461 257	0.008 1
连衣裙女夏 2017 新款	82 972	5 360 880	0.015 5
碎花连衣裙	69 374	1 648 272	0.042 1
蕾丝连衣裙	66 246	2 601 740	0.025 5
真丝连衣裙	59 255	690 934	0.085 8
吊带连衣裙	50 346	2 081 981	0.024 2
女童连衣裙	45 930	2 790 434	0.016 5
夏季连衣裙	45 501	6 158 812	0.007 4
裙子女夏连衣裙	45 073	2 767 975	0.016 3
一字肩连衣裙	43 446	386 094	0.112 5
连衣裙长款	30 015	5 518 562	0.005 4
港味连衣裙	29 940	18 531	1.615 7
两件套连衣裙	29 878	1 907 694	0.015 7
小清新连衣裙	29 325	768 925	0.038 1

续表

关键词	搜索人气	在线商品数	倍数
连衣裙夏	29 228	12 156 214	0.002 4
长裙连衣裙	27 098	2 277 379	0.011 9
遮肚子连衣裙	38 183	26 278	1.453
白色连衣裙	26 271	2 435 783	0.010 8
显瘦连衣裙	25 486	3 492 982	0.007 3
黑色连衣裙	25 456	3 611 503	0.007
心机连衣裙	25 218	12 222	2.063 3
旗袍连衣裙	24 978	639 837	0.039
红色连衣裙	24 547	2 161 299	0.011 4

根据表 6–1 可以发现，“连衣裙”“女”“夏”“雪纺连衣裙”等关键词，搜索人气高，竞争非常大。在众多关键词中，有 3 个关键词的倍数是大于 1 的，分别是“港味连衣裙”“遮肚子连衣裙”“心机连衣裙”，可以从这 3 个关键词入手。

步骤二：分别搜索“港味连衣裙”“遮肚子连衣裙”和“心机连衣裙”3 个关键词。

搜索“港味连衣裙”，见表 6–2，出现“复古”关键词，倍数大于 1。

表 6–2　　搜索“港味连衣裙”的人气

关键词	搜索人气	搜索人数占比	搜索热度	点击率	商城点击占比	在线商品数	直通车参考价
港味连衣裙	29 940	51.33%	73 699	136.43%	10.76%	18 551	0.36
复古港味连衣裙	12 320	11.74%	32 360	128.75%	4.62%	10 876	0.23
港味复古连衣裙	12 270	11.67%	31 889	124.60%	4.96%	10 876	0.23
港味连衣裙 复古	11 800	10.94%	30 294	127.35%	3.92%	10 876	0.23

搜索“遮肚子连衣裙”，见表 6–3，出现“藏肉”关键词，倍数大于 1。

表 6–3　　搜索“遮肚子连衣裙”的人气

关键词	搜索人气	搜索人数占比	搜索热度	点击率	商城点击占比	在线商品数	直通车参考价
遮肚子连衣裙	26 278	28.54%	70 546	121.88%	26.26%	38 194	0.65
遮肚子连衣裙 藏肉	18 229	15.51%	49 120	119.95%	27.14%	7 144	0.57
遮肚子显瘦连衣裙	16 945	13.74%	46 075	117.49%	35.15%	23 142	0.63
大码遮肚子连衣裙	14 839	11.04%	41 613	129.39%	33.99%	20 141	0.60
遮肚子连衣裙夏	11 186	6.94%	30 034	114.34%	45.98%	30 386	0.58
遮肚子连衣裙 显瘦	4 943	1.86%	13 907	111.82%	42.61%	23 129	0.63

搜索“心机连衣裙”，见表 6-4，出现“小”“女夏、复古”关键词，倍数大于 1。

表 6-4　　搜索“心机连衣裙”的人气

关键词	搜索人气	搜索人数占比	搜索热度	点击率	商城点击占比	在线商品数	直通车参考价
心机连衣裙	25 218	53.71%	67 638	153.36%	10.79%	12 222	0.39
小心机连衣裙	18 463	31.94%	45 571	121.70%	10.00%	9 761	0.37
心机连衣裙小性感	2 448	1.26%	6 052	125.02%	13.86%	2 965	0.43
心机连衣裙 2017 新款女	1 710	0.73%	3 692	103.21%	18.79%	3 780	1.53
心机连衣裙女夏 复古	1 281	0.48%	2 612	66.96%	4.19%	676	0.00

通过上述搜索找到商品细分的定位方向。

步骤三：找到商品细分的定位方向后，还要看竞争度，需要找有搜索量并竞争比较小的商品。所以接下来要计算、比对“商城点击占比”，即店铺商品点击量占整个淘宝商城总点击量的比例，它代表着这个品类竞争的难易程度。商城点击占比越少，个人店的机会就越多。

建议选择商城点击占比在 40% 以下的商品，如果超过 40%，就要慎重了。

综上得出结论，“港味连衣裙”的“复古”关键词，“遮肚子连衣裙”的“藏肉”关键词，“心机连衣裙”的“小”“女夏、复古”关键词，都可以作为产品的定位方向。

学习评价

根据本单元的学习情况，按知识、技能、素养三个指标进行评价。

评价类别	评价内容	配分
知识	网店市场定位的相关知识	10 分
	网店产品定位的相关知识	10 分
	网店价格定位的相关知识	10 分
技能	能进行产品定位	25 分
	能进行产品定位的数据分析	25 分
素养	敏锐的市场洞察力	10 分
	良好的服务意识、规范意识、自我情绪管理意识	10 分
合计		100 分

学习单元二　目标客户开发

学习目标

知识目标

1. 掌握客户的类型。
2. 掌握客户定位方法。
3. 掌握客户开发策略。

技能目标

1. 能进行营销导向的客户开发。
2. 能进行目标客户的定位。

素养目标

1. 具有良好的服务意识、规范意识。
2. 具有旺盛的求知欲，严谨、细致的工作态度和敬业精神。

导　语

早在2009年，农产品电商还未兴起时，海伶山珍店铺就走上了土特产的细分道路——食品中的土特产，特产中的野生土特产。把“山里人的货”搬到线上，目前已经做到了4皇冠，拥有几十万的老客户。

在人们越来越重视食品安全和品质的今天，土特产很吸引消费者。但是，要把控好产量、采集成本、物流成本并不容易。

海伶山珍能够走到今天，很大一部分原因来自口碑传播。店主赵海伶专门开通了博客，把每次进山取货的经历和图片写到博客里，同时也展示在店铺的首页和宝贝详情页，让客户有身临其境的感觉。

另外，赵海伶也较早给店铺注册了商标，对店铺产品进行统一包装，并展示各类证照，无形中提升客户对店铺产品的信任感。在一定程度上避免店铺因为同质化陷入价格战的泥潭中。

思考：

如何开发目标客户？

相关知识

一、客户类型与定位

1. 客户类型

客服每天会接触到各种类型的客户，了解各类客户的特点对于提高客服的服务质量和服务效率非常重要。

（1）友善型客户

此类客户性格比较随和，宽容、真诚、有同理心，通常是企业的忠诚客户。对客服来说，要牢牢抓住这类客户，提供最优质的服务，做好客户维护工作。

（2）独断型客户

此类客户比较自信，有很强的决断力，不善于理解别人，不容易接受意见和建议，通常投诉较多。面对独断型客户，客服要善于倾听他们的想法，让他们感到被尊重。

（3）分析型客户

此类客户有很强的逻辑思维能力，对公正的处理和合理的解释可以接受，但不愿意接受任何不公正的待遇，善于运用法律手段保护自己。面对分析型客户，客服应真诚对待，当遇到问题时作出合理解释，争取对方的理解。

（4）自我型客户

此类客户以自我为中心，很少站在他人立场考虑问题，不能容忍自己的利益受到任何伤害。面对自我型客户，客服应学会控制自己的情绪，以礼相待。

2. 客户定位

许多电商平台都有千人千面的展现规则，也就是不同的人看到的搜索排序是不同的。所以店铺需要对客户进行定位，使店铺可以把产品精准地推送给目标客户，提高店铺的转化率。

每件产品都对应不同的潜在客户，为了更快速准确地找到目标客户，可以查看产品人群画像（见图 6–12）。通过汇总买家信息，对比店铺产品适用人群，来确定当前引流方式是否适合店铺产品，如果与店铺产品不符，需要及时调整，调整的方式可以从产品标题、产品属性入手。

图 6–12　人群画像

（1）人群性别

客户定位的第一步是确定好产品消费人群主要是男性还是女性，很多商家都会在这一点上陷入误区，习惯于主观判断，为避免偏差还是需要通过数据分析进行判断。

（2）人群年龄

人群年龄是指消费群体的年龄，还可细分为中低端价格年龄、中高端价格年龄等。人群年龄会直接决定店铺后续的营销策略、定价方案、详情页的卖点制作、推广渠道等。

（3）地域

地域是指购买产品的客户都集中在什么地区。商家在了解客户的地域之后，可以把广告投放在客户所在地，锁定目标客户，把物流仓储投放在客户集聚的地方，从而加快物流速度，进而提高点击转化率。

（4）消费层级

消费层级是指客户会花多少钱购买产品。以“旗袍为例”，29.18% 的客户支付价格在 81～150 元，23.17% 的客户支付价格在 151～210 元（见图 6–13），由此，可以判定产品的定价范围和锁定目标客户。

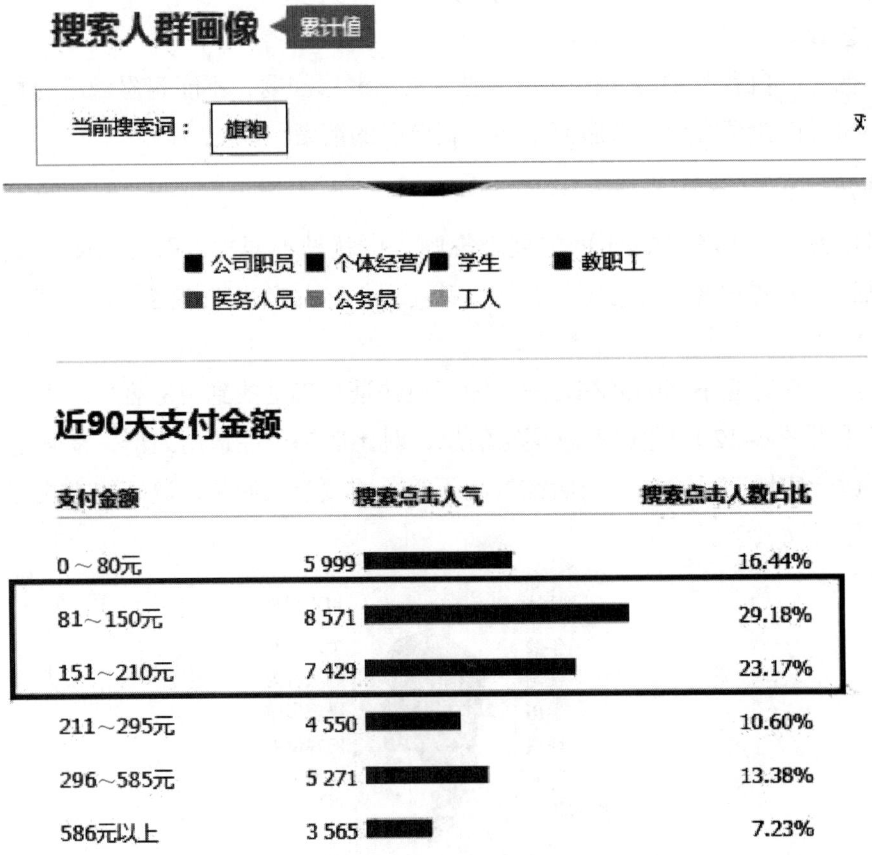

图 6–13　消费层级画像

二、客户开发策略

客服除了承担受理订单业务、处理顾客投诉等工作，还需要进行客户开发，协同店铺将潜在客户转化为现实客户。

1. 营销导向的客户开发策略

营销导向的客户开发策略是指企业通过适当的产品、适当的价格、适当的分销渠道和适当的促销手段，吸引目标客户和潜在客户产生购买欲望并付诸行动的过程。营销导向的客户开发策略是客户开发策略的最高境界，也是获得客户的理想途径。

当企业通过营销导向的客户开发策略来吸引客户，客服要作为监督者，为提升店铺形象做支持，例如把客户反馈的产品问题告知产品部门，以改进产品质量，提升店铺形象。客服需要了解什么样的店铺装修、产品或服务最受客户欢迎。

（1）店铺装修

好的店铺装修风格会让客户留下深刻印象并且激发其购买欲。店铺装修需要做好全局规划，通过多种视觉元素塑造整体形象。

在整体布局时，需要围绕店铺定位统一风格，注意突出店铺主题。

设计好记又新颖的店铺招牌，增加客户的回头率。

首页导航一般包含三部分：第一部分是店铺的主营产品导航分类；第二部分是购物规则、购物流程等；第三部分是特殊产品分类，如特价产品、新品、热卖的产品等。首页导航可以引导购物。

店铺公告可以是单品推荐、店铺宣传、广告信息或促销信息。店铺公告的醒目程度最好仅次于店招，以便于吸引客户的注意。

掌柜推荐区最好选择店铺最有竞争力的产品，尽量满足需求量高、性价比高、产品图片清晰且详细的条件。

产品分类一定要考虑买家的搜索习惯，新品、特价产品、促销商品的分类尽量放在靠前的位置，分类方式可自由选择、自由搭配，要清晰明了、一目了然。

自定义区可以添加品牌介绍、物流介绍、运费介绍、售后服务说明、退换货要求等，以便提高客服的工作效率。

（2）产品或服务

质量优异的产品或服务是最受客户青睐的。功能功效是吸引客户的立足点。品牌对于客户来说是一种品质保证。越有特色的产品或服务越容易被客户接纳。好的包装可以吸引客户，激发客户的购买欲，从而挖掘更多的潜在客户。企业提供的服务越完善，产品的附加值就越大。承诺和保证是对产品的信心和对客户的负责。

2. 推销导向的客户开发策略

推销导向的客户开发策略是通过客服积极的推销，引导或劝说客户购买，从而将目标客户开发成为企业的现实客户的过程。

运用推销导向的客户开发策略，首先要寻找到目标客户，其次要想办法说服目标客户采取购买行动。推销导向的客户开发方式主要有以下几种。

（1）直通车

淘宝直通车是为淘宝和天猫卖家量身定制的，按点击付费的效果营销工具，可以为商家实现产品的精准推广。商家可以塑造店铺的核心亮点，找到最吸引客户的地方，并进行推广和宣传。

（2）钻石展位

钻石展位简称钻展，是淘宝图片类广告位竞价投放平台，是为淘宝卖家提供的一种营销工具。钻石展位依靠图片创意吸引客户点击，获取巨大流量。

（3）平台活动

参加平台活动能够让产品曝光，让店铺获得流量，提高产品转化率，是提高产品销量的重要方法之一。

（4）短信推送

通过向客户推送最新的促销信息，吸引有需求的客户，提高店铺的销量。

工作实践

实训：　推销导向的客户开发

以女鞋—低帮鞋的客户开发为例，进行买家人群分析。

步骤一：通过生意参谋后台，查找买家人群画像，可以看到买家性别、年龄、地域、价格分布等数据。把数据输入 Excel 表格（见表 6–5）。可以看出，近 30 天购买女鞋—低帮鞋的买家，女性占比是 78.33%，年龄在 18～29 岁的人群最多，占比是 62.78%，占比比较高的省份是广东省、浙江省。女鞋的价格偏好度是 0～185 元。

表 6–5　　人群画像

性别	女 78.33%	男 18.32%	蒙面侠 3.35%			
年龄	18 ～ 24 岁 38.35%	25 ～ 29 岁 24.43%	30 ～ 34 岁 13.50%	35 ～ 39 岁 6.95%	40 ～ 49 岁 7.92%	50 岁以上 2.24%
地域	广东省 11.66%	浙江省 7.97%	江苏省 6.25%	山东省 6.25%	四川省 5.80%	
价格	0 ～ 35 元 23%	36 ～ 70 元 30%	71 ～ 115 元 19%	116 ～ 185 元 18%	186 ～ 350 元 8%	351 元以上 2%

步骤二：继续在生意参谋的买家属性选择“职业分布”，如图 6–14 所示。

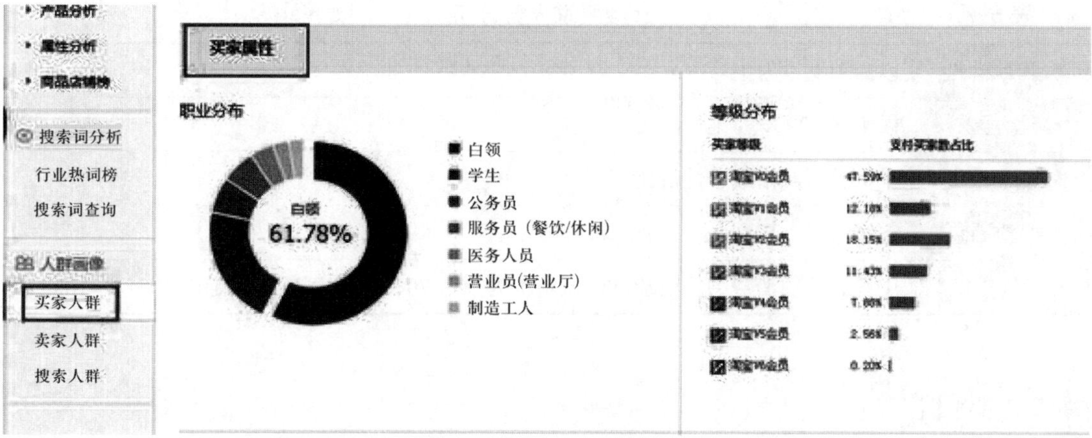

图 6–14　买家职业分布

根据图6–14把白领、学生、公务员、服务员（餐饮/休闲）、医务人员、营业员（营业厅）、制造工人所占百分比绘制成表格（见表 6–6）。

表 6–6　　买家职业分布占比

职业分布	百分比
白领	61.78%
学生	21.97%
公务员	5.44%
服务员（餐饮 / 休闲）	4.92%
医务人员	3.03%
营业员（营业厅）	1.47%
制造工人	1.39%

从以上数据得出，购买女鞋—低帮鞋排前三位的分别是白领、学生、公务员。

步骤三：对近 90 天支付金额的搜索人气占比进行分析，得出数据如图 6–15 所示。

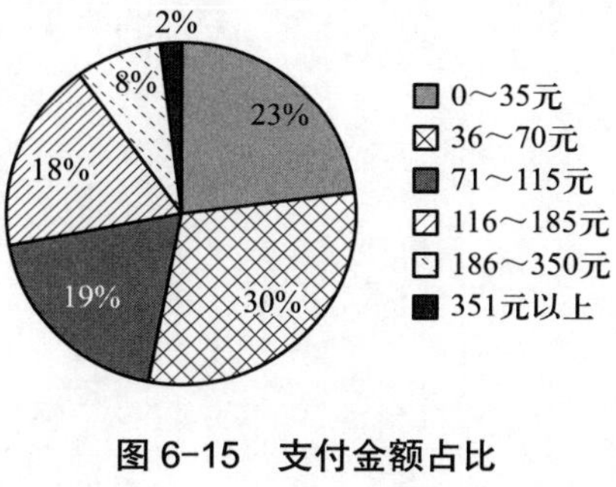

图 6–15　支付金额占比

步骤四：综上所述，得出女鞋—低帮鞋买家人群（见表 6–7）。

表 6–7　　女鞋买家人群分析

人群倾向性	以白领女性为主
年龄层次	以 18 ～ 29 岁为主
购买偏向	小资、喜欢精致、性价比高
忠诚客户地域	一线城市，特别是广东省、浙江省
消费力	中等偏下的消费力。引流款建议定价为 0 ～ 70 元，利润款建议定价为 71 ～ 185 元

学习评价

根据本单元的学习情况，按知识、技能、素养三个指标进行评价。

评价类别	评价内容	配分
知识	客户类型	10 分
	客户定位方法	10 分
	客户开发策略	10 分
技能	能进行营销导向的客户开发	25 分
	能进行目标客户的定位	25 分
素养	良好的服务意识、规范意识	10 分
	旺盛的求知欲，严谨、细致的工作态度和敬业精神	10 分
合计		100 分